I0056398

Helmut Steinberger
**200 Jahre amerikanische Bundesverfassung**

Schriftenreihe
der
Juristischen Gesellschaft zu Berlin

Heft 103

W
DE
G

1987
Walter de Gruyter · Berlin · New York

# 200 Jahre amerikanische Bundesverfassung

### Zu Einflüssen des amerikanischen Verfassungsrechts auf die deutsche Verfassungsentwicklung

Von
Helmut Steinberger

Vortrag
gehalten vor der
Juristischen Gesellschaft zu Berlin
am 4. Juni 1986

W
DE
G

1987

Walter de Gruyter · Berlin · New York

*Dr. iur. Helmut Steinberger*
Ord. Professor für Deutsches und Ausländisches Öffentliches Recht,
Völkerrecht und Europarecht an der Universität Mannheim, Richter des
Bundesverfassungsgerichts

*CIP-Kurztitelaufnahme der Deutschen Bibliothek*

**Steinberger, Helmut:**
200 [Zweihundert] Jahre amerikanische Bundesverfassung : Zu
Einflüssen d. amerikanischen Verfassungsrechts auf d.
deutsche Verfassungsentwicklung ; Vortrag, gehalten vor d.
Jur. Ges. zu Berlin am 4. Juni 1986 / von Helmut
Steinberger. – Berlin ; New York : de Gruyter, 1987.
  (Schriftenreihe der Juristischen Gesellschaft zu
  Berlin ; H. 103)
  ISBN 3 11 011209 4 ·

NE: Juristische Gesellschaft ⟨Berlin, West⟩: Schriftenreihe der Juristischen Gesellschaft e. V. Berlin

©
Copyright 1987 by
Walter de Gruyter & Co. 1000 Berlin 30
Alle Rechte, insbesondere das Recht der Vervielfältigung und Verbreitung sowie der Übersetzung,
vorbehalten. Kein Teil des Werkes darf in irgendeiner Form (durch Fotokopie, Mikrofilm oder ein anderes
Verfahren) ohne schriftliche Genehmigung des Verlages reproduziert oder unter Verwendung elektronischer
Systeme verarbeitet, vervielfältigt oder verbreitet werden.
Printed in Germany
Satz und Druck: Saladruck, Berlin 36
Bindearbeiten: Verlagsbuchbinderei Dieter Mikolai, Berlin 10

In wenigen Monaten jährt es sich zum zweihundertsten Male, daß der Verfassungskonvent von Philadelphia die amerikanische Bundesverfassung verabschiedete – die erste Großtat des anbrechenden Zeitalters des Konstitutionalismus. Es ist nicht unangebracht, dieses Ereignisses, zumal vom freien Teil Berlins aus, zu gedenken, und dabei Einflüssen nachzuspüren, die das amerikanische Verfassungsrecht und Verfassungsdenken auf die Entwicklung des deutschen Verfassungsrechts und Verfassungsrechtsdenkens seither genommen haben. Daß sich dabei im Rahmen eines Vortrags nur einige Aspekte aufzeigen lassen, nicht aber die ganze Breite und Eindringlichkeit solcher Einflüsse, bedarf keiner Begründung.

## I.

Es ist in Deutschland nie zu einer Rezeption des amerikanischen Verfassungsrechts nach Art der Rezeption des römischen Rechts ins gemeine Recht gekommen, auch nicht zu einer gewissermaßen mechanistischen Übernahme, wie in einigen lateinamerikanischen Staaten des 19. Jahrhunderts (wenngleich dort mit höchst andersartigen Auswirkungen). Es handelte sich in Deutschland vornehmlich um die Einwirkung von Ideen auf rechts- und verfassungspolitische Ziele und ihre Beweggründe, daneben freilich auch um die selektive Übernahme einzelner, wenn auch gewichtiger struktureller Elemente in das Gefüge der eigenen Verfassungsordnung[1]. Daß europäisches und amerikanisches Verfassungsrecht und Verfassungsrechtsdenken zahlreiche bedeutsame Gemeinsamkeiten aufweisen, die auf einer gemeinsamen ideengeschichtlichen Grundlage beruhen, hat Klaus Stern vor einiger Zeit an dieser Stelle ins Gedächtnis gerufen; darauf darf ich verweisen[2].

Die Einflüsse, von denen hier die Rede sein soll, sind eingebettet in ihre jeweiligen geschichtlichen Bedingtheiten, etwa in die politische Lage des Vormärz in Deutschland, der Weimarer Zeit oder der Zeit nach dem

---

[1] Vgl. R. Ullner, Die Idee des Föderalismus im Jahrzehnt der deutschen Einigungskriege. Hist. Studien Heft 393 (1965).
[2] Klaus Stern, Grundideen europäisch-amerikanischer Verfassungsstaatlichkeit (1984); vgl. auch U. Scheuner, Constitutional Traditions in the United States and in Germany, in: Deutsch-Amerikanisches Verfassungsrechtssymposium 1976, hrsg. von W. A. Kewenig (1978), S. 11 ff.

Zweiten Weltkrieg. Diese Bedingtheiten zu schildern, sprengte den Rahmen dieses Vortrags.

## II.

Die amerikanische Bundesverfassung von 1787 mit ihren Zusatzartikeln von 1789 war das Ergebnis eines vielschichtigen Zusammenwirkens politischer, wirtschaftlicher, sozialer und geographischer Gegebenheiten, rechtlicher Traditionen und religiöser, staatsphilosophischer und verfassungspolitischer Ideen[3]. Das religiöse Gedankengut – vielleicht das wichtigste Moment von allen – entstammte dem Calvinismus und Puritanismus; die Siedler hatten es mit sich getragen. Die rechtlichen Traditionen waren das Erbe Englands. Mit den Kolonialcharten, die vielfach auf die Rechte und Freiheiten der Engländer bezug genommen hatten, sowie über den Einfluß der großen englischen Juristen Cocke und Blackstone stand man in der Überlieferung des englischen Rechtsdenkens. Das staatsphilosophische und verfassungspolitische Ideengut war Teil des langen und breiten Stromes der europäischen Geistesgeschichte, zumal der naturrechtlichen politischen Philosophie, wie sie in das Naturrrechtsdenken des 17. Jahrhunderts hineingewirkt hatte.

Diese vielfältigen Einflüsse hatten sich zu dem verdichtet, was man den amerikanischen Konsensus am Vorabend der Bundesverfassung genannt hat[4]. Er hatte sich in der Unabhängigkeitserklärung von 1776 und in den Verfassungen und Grundrechtserklärungen niedergeschlagen, die sich die ehemaligen Kolonien in den anschließenden Jahren gegeben haben. Alle sind von der Idee getragen, daß dem Einzelnen kraft seiner Natur als Mensch bestimmte subjektive Rechte, wie Leben, Freiheit, Eigentum, die Verfolgung des eigenen Glücks zustehen, und daß diese Rechte, weil mit der Natur des Menschen als geistig-sittliches Wesen gegeben, von der Herrschaftsmacht nicht sollen entzogen werden dürfen, in diesem Sinne unveräußerlich sind. Sie machen den grundlegenden Rechtsstatus des Menschen aus, sind Grund-Rechte.

Die Herrschaftsgewalt der politischen Gemeinschaft legitimierte sich für dieses Denken aus dem Konsens der Einzelnen. Zumal der Puritanismus hatte sich die Autonomie der religiösen Kongregation nach dem Bild

---

[3] Vgl. aus dem breiten Schrifttum z.B. A. E. Sutherland, Constitutionalism in America (1965); H. Steinberger, Konzeption und Grenzen freiheitlicher Demokratie (1974), S. 21 ff., jeweils m. w. N.

[4] C. Rossiter, The Political Thought of the American Revolution (1963); S. E. Morison / H. S. Commager, The growth of the American Republic, 2 Bde., rev. ed. 1950; C. Becker, The Declaration of Independence (1922; 4. Druck 1951).

des biblischen Bundes Gottes mit seinem Volk konzipiert; selbst Heil, Erlösung und Verdammnis sollten ihre Grundlage in einer *Vereinbarung* Gottes mit seinem Volk haben[5]. Dieses Deutungsschema wird auf den weltlichen Bereich übertragen und daraus die Gebundenheit der Herrschaftsgewalt an das Recht abgeleitet. Die Reformation betont die Individualität und Gleichheit des einzelnen Menschen, etwa bei der Auslegung der Heiligen Schrift. In der zugleich starken Betonung der Verantwortung jedes Einzelnen für Kirche und Gesellschaft liegen bereits die Keimzellen eines egalitären demokratisch-politischen Bewußtseins. Das formelle Verfassungsgesetz wird als Verkörperung dieses Grundvertrages angesehen, als das fundamentale, ranghöchste weltliche Recht.

Die durch den Konsens begründete Herrschaft ist legitim und rechtmäßig nur innerhalb der Grenzen dieses Konsenses. Sie ist inhaltlich auf das Gemeinwohl begrenzt, nicht virtuell allumfassend und allmächtig; das Gemeinwohl aber bestimmte sich wesentlich mit durch die Grundrechte des Einzelnen und ihren Schutz. Ihre Aufnahme in die Verfassungen, ihre Konstitutionalisierung als positives Recht definiert einen Hauptinhalt eines materialen Verfassungsbegriffs.

Die Idee, daß Herrschaft nur als konsentierte und in Rechtsform verfaßte Hoheitsmacht legitim sei – eine zentrale Idee schon des mittelalterlichen Rechtsdenkens, das die Maxime *princeps legibus solutus* nicht anerkannt hatte[6] – bedeutete für das amerikanische Verfassungsdenken der Zeit zugleich die prinzipielle Kontrolle der Gerichte über die Wahrung der Rechtsordnung – auch dies eine der großen Ideen des europäischen Mittelalters. Daß mit dieser Rolle der Gerichtsbarkeit ein höchst bedeutsames institutionelles Element für das Verhältnis des Bürgers zur Staatsgewalt gewonnen war, leuchtet unmittelbar ein.

Alle Herrschaftsgewalt wird unter die Anforderungen der Gerechtigkeitsidee gestellt. Das warf die Frage nach dem Inhalt und Maßstab von Gerechtigkeit auf; man suchte die Antwort damals in zwei Richtungen: Zum einen glaubte man, im rechten Gebrauch der Vernunft, der *ratio recta*, das Werkzeug zur Erkenntnis von gerechter Ordnung an der Hand zu haben. Zum anderen manifestierten sich die Inhalte von Gerechtigkeitserfordernissen in den – als vorgegeben gedachten – Grundrechten des Menschen, die ihrerseits, wie in der Unabhängigkeitserklärung, als *self-evident*, als der Vernunft unmittelbar einleuchtend angesehen werden,

[5] P. Miller, The New England Mind: 1. The Seventeenth Century (1939; 3. Druck 1967 des Neudrucks 1954); P. Miller/Th. H. Johnson, The Puritans (1938).
[6] R. W. und A. J. Carlyle, A History of Political Theories in the West, 6 Bde., Bd. 3, S. 30 ff. (2. Druck 1928).

8

ferner in bestimmten Standards der Rechtsordnung, wie z.B. der *due process*-Klausel, der *equal protection*-Klausel und dem Standard der *reasonableness*. Diese Standards werden im Laufe der späteren Entwicklung zu rechtstechnischen Einlaßstellen für Gerechtigkeitsideen, sie werden – bei all ihrer formalen Offenheit – als verfassungsimmanente Gerechtigkeitsmaßstäbe verstanden; die Verfassung selbst, ihre Grundwertungen, werden zum wichtigsten Gerechtigkeitskriterium; Gerechtigkeit wird zur verfassungsmäßigen Gerechtigkeit, Naturrecht zum konstitutionalisierten Naturrecht[7]. Ein derartiges Denken konnte freilich nur erwachsen aus der Überzeugung, daß die Verfassung den wesentlichen Gerechtigkeitserfordernissen genüge oder ihnen doch normativen Einlaß gewähre.

Dies ist – sehr holzschnittartig verkürzt – der ideengeschichtliche Befund am Vorabend der amerikanischen Bundesverfassung. Von den konkreten Umständen, die ihr Anlaß waren, soll hier nur einer erwähnt werden, weil er die politische Wurzel für eine wesentliche Komponente der Ausgestaltung der Bundesverfassung war, nämlich der Rechtsstellung des Bundes gegenüber auswärtigen Mächten: Nachdem es den Abfall der Kolonien mit militärischen Mitteln nicht zu hindern vermocht hatte, versuchte England ihre Unabhängigkeit wirtschaftlich über einen Handelskrieg abzuschnüren; es schloß die Häfen für amerikanische Schiffe. Die Staaten der amerikanischen Konföderation verfügten nicht über die organisatorischen Voraussetzungen, etwa über ein zentrales auswärtiges Amt oder einen Präsidenten, um in dieser existenzbedrohenden Lage auf die englischen Maßnahmen einheitlich und geschlossen zu antworten. Von daher erklärt sich die starke Ausgestaltung der Bundesgewalt im Bereich der auswärtigen Politik, die man in Philadelphia entwarf. Gerade diese Ausgestaltung wurde für die deutsche Verfassungsentwicklung von Bedeutung; darauf ist zurückzukommen.

## III.

Das Werk von Philadelphia traf auf das Europa der Aufklärung, politisch – jedenfalls auf dem europäischen Festland – auf den aufgeklärten Absolutismus und das Prinzip der monarchischen Legitimität, demzufolge die monarchische Gewalt die allein rechtmäßige weltliche Gewalt sei, der Fürst alle solche Gewalt in sich vereinige, andere daran allenfalls abgeleitet teilhätten. Der Geist der Aufklärung hatte zumal das gebildete Bürgertum in Deutschland erfaßt. Ein neues Lebensgefühl beherrscht die gebildeten Schichten, ein gesteigertes Bewußtsein einer Autonomie des

[7] Roscoe Pound, Introduction to the Philosophy of Law (1922), S. 50 f.

menschlichen Geistes, des Glaubens an die Vernunft und den durch sie möglichen Fortschritt.

Über Amerika weiß man bis in die siebziger Jahre des 18. Jahrhunderts in Deutschland wenig. Das ändert sich mit dem Ausbruch des amerikanischen Unabhängigkeitskrieges[8]. Die Aufmerksamkeit wird jetzt nicht zuletzt dadurch erregt, daß Tausende von Deutschen zum Militärdienst auf britischer Seite gepreßt an den Kämpfen teilnehmen. Amerika wird plötzlich zum außenpolitischen Hauptthema der damals gerade aufkeimenden politischen Wochen- und Monatspresse. Klopstock, Wieland, Schubarth, Herder und andere bekunden ihre Sympathie mit den Amerikanern. Benjamin Franklin und George Washington werden zeitweise zu wahren Idolen in Deutschland. Die Ideen der Freiheit und Gleichheit, die die amerikanische Revolution verkündet, werden vom aufstrebenden Bürgertum, das sich erst sehr langsam von der Katastrophe des Dreißigjährigen Krieges erholt hatte, begrüßt und aufgegriffen. Sie treffen sich mit den philosophischen und ethischen Vorstellungen der Aufklärung – wir sind im Zeitalter Kants und Voltaires –, insbesondere mit dem Streben des Bürgertums nach rechtlicher Gleichheit mit dem Adel und nach wirtschaftlicher Freiheit. Der politischen Explosivität dieser Ideen wird man freilich erst mit dem Ausbruch der Französischen Revolution gewahr: Jetzt scheint der Geist der Aufklärung sich auch politisch zu realisieren, Aufklärung politisch operational zu werden.

Was der aufklärerische Enthusiasmus damals freilich nicht wissen konnte, weil die amerikanische Verfassungsdebatte nicht dokumentiert zugänglich war, war die Skepsis der meisten, jedenfalls aber der führenden Köpfe, die in Philadelphia die amerikanische Bundesverfassung entworfen hatten[9]. Gewiß waren auch sie vom Geist der Aufklärung erfaßt; aber ihre Haltung war versetzt mit tiefer Skepsis gegen die Natur des Menschen. Ihre calvinistisch-puritanische Tradition bewahrte sie vor dem naiven Menschenbild jener unkritischen Aufklärung, derzufolge der Mensch, wenn nur seine Vorurteile und sein Aberglaube durch Erziehung und Wissenschaft einmal ausgeräumt seien, sein Handeln allein von rationalen Überlegungen bestimmen lassen werde. Der Calvinismus der Zeit sah demgegenüber die Natur des Menschen als durch die Erbsünde total verdorben, wußte den Menschen in einer unbedingten Gottferne und Vereinsamung. Im Westminster-Bekenntnis von 1647 etwa hatte es geheißen: „Der Mensch hat durch seinen Fall in den Stand der Sünde

---

[8] Zum folgenden vgl. allgemein die sehr gründliche Untersuchung von H. Dippel, Germany and the American Revolution 1770–1800 (1978).

[9] C. Becker, a. a. O.; R. Hofstadter, The American Political Tradition and the Men who made it (1948), S. 3 ff.; H. Steinberger, a. a. O., S. 91 ff.

gänzlich alle Fähigkeit seines Willens zu irgendetwas geistlich Gutem und die Seligkeit mit sich führendem verloren, so sehr, daß ein natürlicher Mensch, als gänzlich abgewandt vom Guten und tot in Sünde nicht fähig ist, sich zu bekehren". Es war das Bild des gefallenen, im Egoismus befangenen Menschen, von dem weithin die amerikanischen Verfassungsväter ausgingen, eines Menschen, der, sobald ihm Herrschaftsmacht zuwächst, sogleich in der Gefahr steht, diese Macht zu mißbrauchen und zum Tyrannen zu entarten. Diese Auffassung konnte sich keine Illusionen über Formen und Inhalte gesellschaftlichen Zusammenlebens machen. Das beschwor indessen ein Dilemma herauf: Einerseits war man von der Idee demokratischer Freiheit und Gleichheit bestimmt und geradezu schicksalhaft darauf verwiesen, der Fähigkeit des Volkes zur Selbstregierung zu vertrauen; im gleichen Atemzug aber mißtraute man dieser Fähigkeit. 173 Despoten würden sicherlich ebenso unterdrücken, wie nur ein Despot, schreibt Jefferson[10]. Gewiß stellte man das Grundprinzip der demokratischen Idee, die Legitimation von Herrschaftsmacht aus dem Konsens des Volkes, nicht in Frage; aber man wollte der Mehrheitsherrschaft Grenzen ziehen, Grenzen, die man gerade von den Ideen der Freiheit, der Gleichheit und der Gerechtigkeit her für geboten hielt.

Die eine Grenze sollten die Grundrechte bilden. Noch bedeutsamer aber war die Schranke, die man der Mehrheitsherrschaft über ein System der Gewaltenbalance und Gewaltenkontrolle errichten wollte, über jenes System der *checks and balances,* das die amerikanische Bundesverfassung berühmt gemacht hat. Seine Architekten, Alexander Hamilton und James Madison, gingen vom Bild einer künftigen Gesellschaft aus, die durch die Rivalität von Klassen, Schichten und Interessengrupen gekennzeichnet sei, jede auf die Bewahrung und Erweiterung ihrer Vermögens- und Machtpositionen bedacht, ohne Rücksicht auf die Rechte und Interessen des anderen, tyrannisch gegenüber der jeweiligen Minderheit[11]. Seit Platon und Hobbes war keine so schonungslose Gesellschaftsanalyse vorgelegt und im Verfassungsrecht verwertet worden. Die Herrschaft einer Gruppe oder Klasse aber würde das Ende der Freiheit, die eine Freiheit

---

[10] Th. Jefferson, Notes on the State of Virginia, abgedruckt in S. K. Padover, The Complete Jefferson (1943), S. 648.

[11] Vgl. die Ausführungen Madisons am 6. Juni 1787 im Verfassungskonvent, in: M. Farrand, ed., The Records of the Federal Convention of 1787, 4 Bde. (rev. ed. 1937), Bd. 1, S. 134; The Federalist, no. 10 (ed. M. Beloff, 1948). Vgl. allgemein: G. Dietze, Hamilton's Federalist: A Treatise for Free Government, in: Cornell Law Quarterly 42 (1957), S. 501 ff.; ders.: Madison's Federalist, in: Georgetown Law Jl. 46 (1957/58), S. 21 ff.; ders.: The Federalist. A classic on federalism and free government (3. Druck, 1963).

11

für alle sein sollte, bedeuten. Dieser Gefahr durfte der Staat nicht ausgeliefert werden. Man hegte nicht die Illusion, die Interessengegensätze aus der Welt schaffen zu können. Einen Ausweg aus diesem Dilemma glaubte man nur in einem System der politischen Balance und gegenseitigen Hemmung und Kontrolle dieser Kräfte zu finden. Das Gewaltenteilungsschema Montesquieus übernahm man gewiß im Ansatz; aber ohne weitere institutionelle Vorkehrungen würde es nur papierene Schranken gegen die gefürchtete Machtkonzentration errichten. Es gewährleistete nicht ein tatsächliches Gleichgewicht der drei Gewalten, ja es mußte zu einem Übergewicht der Legislative führen, die über ihre Normsetzungen die beiden anderen Gewalten an ihren und damit an den Mehrheitswillen binden konnte. Darin aber lag die Gefahr des legislativen Despotismus, der Tyrannei der Mehrheit, wie es im Federalist heißt. Die Vorkehrungen hiergegen sollten darin bestehen, die verschiedenen, in der Gesellschaft wirkenden Kräfte derart in den Prozeß der Bildung der staatlichen Herrschaftsorgane und ihres Willens einzuordnen, daß keine von ihnen ein Entscheidungsmonopol erlange und zumal keine zum selben Zeitpunkt – über Wahlen – schlagartig in den Besitz aller Schaltstellen der staatlichen Macht gelange. Im Verfassungskonvent führt Madison aus, daß „die Gemeinschaft in eine so große Anzahl von Interessen und Parteien aufgespalten werden solle, daß es erstens nicht wahrscheinlich werde, daß eine Mehrheit im selben Zeitpunkt ein gemeinsames Interesse haben werde, das verschieden von dem Interesse der Gesamtheit oder dem der Minderheit sei; und daß zweitens, sollte sie ein solches Interesse haben, sie nicht in die Lage versetzt sei, dieses Interesse auch durchzusetzen."[12] Die Bundesverfassung ist wesentlich von dieser Konzeption her entworfen: als erstes Moment solcher Machtverteilung sollte die föderalistische Gliederung, verbunden mit dem Prinzip der territorial bezogenen Repräsentation, dienen. Auf diese Weise sollte eine Dezentralisierung von politischer Macht bereits auf der territorialen Ebene der Verfassung und damit eine Beschränkung der Kompetenzen der Bundesgewalt und der in ihr wirksamen politisch-gesellschaftlichen Kräfte erreicht werden. Damit war in der Tat ein äußerst wirksames Mittel politischer Machtverteilung gefunden.

Um nichts weniger aber galt es nach Auffassung der Verfassungsväter, die Bundesgewalt selbst institutionell auf ein System der Teilung und Kontrolle von Macht festzulegen. Hier war der Grundgedanke, die Bildung der verschiedenen Machtorgane auf der Bundesebene in die Hände unterschiedlicher Wahlkörper zu legen. Jeder Machtträger sollte

---

[12] Farrand, Records, Bd. 1, S. 136; vgl. auch Federalist no. 51 und no. 60.

auf diese Weise eine gesonderte Legitimationsgrundlage erhalten. Die Verfassung spiegelt diese Strukturidee wider: Der Präsident sollte von einem besonderen Wahlmännerkollegium, also nicht unmittelbar vom Volk, gewählt werden – ihren plebiszitären Charakter nehmen die Präsidentschaftswahlen erst im Laufe des 19. Jahrhunderts an. Nach dieser Wahl sollte das Gremium sogleich aufgelöst werden, damit der Präsident nicht in eine Abhängigkeit von der Mehrheit geriete. Die Gesetzgebung wird auf zwei Kammern verteilt, von denen seinerzeit nur das Abgeordnetenhaus unmittelbar vom Volk, die Senatoren bis 1912 mittelbar von den Volksvertretungen der Gliedstaaten gewählt wurden. Die Richter der Bundesgerichte wie auch die wichtigsten Amtsträger der Bundesexekutive werden vom Präsidenten unter Zustimmung des Senats ernannt. Die unmittelbare Legitimationsquelle ist also bei jedem Machtträger eine andere. Überdies staffelte man die Amtsperioden zeitlich: Der Präsident wird auf vier Jahre gewählt; der Senat auf sechs Jahre bestellt, wobei alle zwei Jahre ein Drittel der Senatoren neu gewählt werden; das Abgeordnetenhaus wird auf zwei Jahre gewählt, die Bundesrichter auf Lebenszeit ernannt.

Der Sinn all dessen war, die Wahrscheinlichkeit gering zu halten, daß eine bestimmte Gruppe zum selben Zeitpunkt die Mehrheit in allen Wahl- und Bestellungskörpern erringe und so auf einen Schlag die Macht im Staate an sich bringen könne.

Die amerikanischen Verfassungsväter wußten gleichwohl, daß ihr ausgeklügeltes System nicht verwehren würde, daß sich auf lange Sicht zu bestimmten Fragen der Wille der Mehrheit durchsetzen würde. Das zu verwehren war auch nicht ihre Absicht, sie hätten denn die Idee der repräsentativen Demokratie preisgeben müssen. Was sie ausschalten wollten, war, daß eine plötzliche, aus den blinden Leidenschaften eines Wahltages geborene Mehrheit bei einem Wahlgang alle entscheidenden Machtpositionen sollte erringen können. Wenn sich hingegen über die unterschiedlichen Wahl- und Amtsperioden hinweg ein Mehrheitswille bilden und behaupten sollte, so sollte er seinen Lauf haben. Ein solcher Wille erschien als geläuterter Wille. Tocqueville trifft den Kern dieser Vorstellung, wenn er bemerkt, daß die Herrschaft der Mehrheit in der Demokratie wohl mehr als jede andere Herrschaft der Sanktion der Zeit bedürfe, um legitim zu erscheinen[13]. Seine ideengeschichtlichen Wurzeln hatte das mit der Bundesverfassung angestrebte System der Gewaltenbalance zum einen in der mittelalterlichen Idee der gemischten Herrschaft, zum anderen in der Gewaltenteilungslehre Montesquieus und der –

---

[13] De la Démocratie en Amérique, in: Œuvres complètes. Ed. J.-P. Mayer (1951 ff.), Bd. 1, S. 258 f.

zunächst über die Naturwissenschaften ausgelösten – Aufklärung. Sie glaubte ja, naturwissenschaftliche Erkenntnisse auf gesellschaftliche Erscheinungen übertragen und sich Staat und Gesellschaft mechanistisch nach dem Modell eines physikalischen Kräfteparallelogramms konzipieren zu können. Die Resultanten gesellschaftlich-politischer Machtverhältnisse folgen indes, woran Windelband und Rickert erinnert haben, anderen Gesetzmäßigkeiten als physikalische Kraftfelder. In der politischen Praxis haben die *checks and balances* sich denn auch wesentlich anders gestaltet, als die Verfassungsväter es sich erdacht hatten. Wenn die Verfassung gleichwohl als System staatlicher Willensbildung funktionierte, so beruht das wesentlich auf der integrierenden Rolle, die seit etwa der Wende zum 19. Jahrhundert die großen politischen Parteien in Amerika zu spielen beginnen.

## IV.

So sehr man in Deutschland teilweise geradezu fasziniert den Unabhängigkeitskampf Amerikas verfolgt hatte, so sehr auch die dortige Entwicklung – zumal seit dem Ausbruch der Französischen Revolution – das politische Denken auch in Deutschland aufgewühlt hatte, über die innere Verfassungslage der Vereinigten Staaten wußte man noch lange Jahrzehnte wenig Verläßliches. Das lag nicht so sehr an den Verkehrsbedingungen der Zeit – wir sind im Zeitalter von Postkutsche und Segelschiff –, sondern vor allem daran, daß die politische Lage in Europa die Aufmerksamkeit nahezu völlig gefangen nahm: Die Französische Revolution, der jakobinische Terror, der endgültige Zusammenbruch des Reiches unter den Schlägen Napoleons – er war der Herr und veränderte die politische Landkarte Deutschlands. Seine Herrschaft führt den Deutschen freilich ihre politische Ohnmacht schonungslos vor Augen. Das deutsche Bürgertum, das bis dahin noch weithin europäisch-kosmopolitisch gedacht und gefühlt hatte, wird angesichts dieser Ohnmacht von jener ambivalenten Idee der Französischen Revolution ergriffen, die sich zum hauptsächlichen politischen Gestaltungsprinzip Europas im 19. bis weit herauf ins 20. Jahrhundert entwickeln sollte, nämlich der Idee des Nationalstaats (ein Gestaltungsprinzip, das uns heute zutiefst fragwürdig erscheint, weil es, um mit Walter Hallstein zu sprechen, den wichtigsten Test unserer Zeit nicht bestanden hat, nämlich den Frieden zu wahren). Erst nachdem der Deutsche Bund Gestalt gewonnen hatte, das verfassungsrechtliche und politische Vakuum ausgefüllt erschien, wendet sich das deutsche Denken der amerikanischen Bundesverfassung zu. Gewissermaßen als Vorläufer hatte im Jahre 1800 Friedrich Gentz, einer der eher konservati-

14

ven Publizisten der Zeit, eine Abhandlung über Ursprünge und Prinzipien der Amerikanischen im Vergleich zur Französischen Revolution veröffentlicht. Carl Salomon Zachariae hatte 1807 in seiner Monographie über das Öffentliche Recht der Rheinbundstaaten[14] den Unterschied zwischen einem Bundesstaat und einem Staatenbund am amerikanischen Beispiel erläutert. 1819 rühmt Joseph Görres das amerikanische Modell des Föderalismus[15]. 1824 dann veröffentlicht der junge Robert Mohl, eine der kommenden großen Gestalten der deutschen Staatslehre mit Instinkt für große politische Entwicklungen, sein Bundesstaatsrecht der Vereinigten Staaten, die erste systematische Abhandlung der dortigen Verfassung[16]. Die gewaltigen Ideen, schreibt er, die die damalige Zeit erschütterten, hätten ihren reinsten Ausdruck in den Vereinigten Staaten gefunden. Mohl beklagt freilich den Mangel an verläßlicher Information über das politische und verfassungsrechtliche Geschehen in Amerika[17].

In den folgenden Jahrzehnten wird der Informationsstrom breiter und verläßlicher. In den 30er Jahren werden die Federalist Papers – jene Serie von Abhandlungen aus der Feder von James Madison, Alexander Hamilton und John Jay, mit denen sie für die Annahme der Bundesverfassung geworben hatten – ins Deutsche übertragen, die Kommentare von Story und Kent teilweise übersetzt und häufig besprochen[18]; 1835 wird Tocqueville's Demokratie in Amerika veröffentlicht und hat 1836 bereits zwei deutsche Auflagen. In politisch engagierten Kreisen weithin gelesen, löst das Werk eine zwiespältige Wirkung aus: Auf der einen Seite nährte es die ständige wachsende Bewunderung für die amerikanische Form der Demokratie, der Freiheit und Selbstregierung, der Herrschaft des Rechts und für die Lebenskraft der dortigen politischen Institutionen, etwa der starken Stellung der Gerichtsbarkeit. Zum anderen erregt es tiefe Skepsis: Tocqueville hatte das Prinzip der Gleichheit als wahrhaft universales Prinzip analysiert, das Könige und Fürsten vom Throne gestoßen habe und auch vor Bankiers und Kaufleuten nicht Halt machen werde – ein politischer Sprengstoff von gewaltiger Explosivität; Robespierre, die jakobinische Schreckensherrschaft, die „Verschwörung der Gleichheit" waren noch zu gut im Gedächtnis.

---

[14] K. S. Zachariae, Ius publicum civitatum quae foederi Rhenano adscripti sunt (1807).
[15] Joseph Görres, Deutschland und die Revolution (1819).
[16] Robert von Mohl, Das Bundes-Staatsrecht der Vereinigten Staaten von Nord-Amerika (1824).
[17] A. a. O., S. XII.
[18] J. Story, Commentaries on the Constitution of the United States, 2 Bde. (3. Aufl. 1858); J. Kent, Commentaries on American Law, 4 Bde. (11., 12. Aufl. 1866, 1873).

Für das gebildete Bürgertum wie für den einfachen Mann war Amerika inzwischen das Land der Freiheit geworden und hatte England von diesem Platz verdrängt. In diesen Jahrzehnten wandern Hunderttausende von Deutschen nach Nordamerika aus; ihre Briefe in die alte Heimat werden in breiten Bevölkerungskreisen, bis in die letzte Einöde zirkuliert; kein anderes Land erregt solche Neugier und gewinnt ein annähernd vergleichbares Maß an Aufmerksamkeit. Auch in intellektuellen Kreisen setzt ein ungewöhnlicher Wissensdurst ein. Neben Historikern wenden sich vermehrt Verfassungsrechtler den amerikanischen Verhältnissen zu, unter ihnen Carl Theodor Welcker und Karl von Rotteck, die Herausgeber des Staatslexikons, der führenden Publikation des deutschen Liberalismus der Zeit. Es entsteht das, was E. Franz und Thomas Ellwein als das Amerikabild des Vormärz und der Deutschen Revolution beschrieben haben[19].

In Deutschland schießt nunmehr eine ganze Bandbreite von Theorien des Föderalismus ins Kraut, nicht *ars pro arte,* sondern mit Hinsicht auf die damalige Lage und ihre mögliche Veränderung mit dem Ziel der Einigung Deutschlands. Was wunder, daß der Blick sich auf Amerika, auf seine innere Struktur richtet. Die Vereinigten Staaten waren nicht lediglich ein Modell auf dem Papier. Der Einfluß auf die Theorien des Föderalismus war der stärkste Einfluß, den amerikanisches Verfassungsrecht und Verfassungsdenken im 19. Jahrhundert auf die deutsche Verfassungsentwicklung hatten[20].

Diese Theorien geraten schon bald auf den Prüfstand der politischen Praxis. 1848 wird das Jahr der Revolution in Europa. Im Februar hatte Bassermann im badischen Landtag den Antrag eingebracht, der Großherzog möge darauf hinwirken, beim Deutschen Bund ein nationales Repräsentationsorgan zu errichten, um eine nationale Gesetzgebung und nationale Einrichtungen zu schaffen. Er forderte die Umwandlung des Bundes in einen politischen Bundesstaat, wobei er ausdrücklich auf die Vereinigten Staaten hinwies, die auf diese Weise zu großer nationaler Einheit und Macht fortgeschritten seien und zu den Weltmächten aufgeschlossen hätten. Bassermanns Antrag wird zum Signal einer Bewegung, die zur verfassungsgebenden Nationalversammlung in der Paulskirche führt.

---

[19] E. Franz, Das Amerikabild der deutschen Revolution von 1848/49 (1958); Th. Ellwein, Der Einfluß des nordamerikanischen Bundesverfassungsrechts auf die Verhandlungen der Frankfurter Nationalversammlung im Jahre 1848/49 (Erlanger Diss. 1950, Masch. manuskr.).
[20] Vgl. z.B. C.Th. Welcker, in Annalen für Geschichte und Politik, 1834, S. 251 ff.; ders. in: Staatslexikon, Carl von Rotteck und Carl Th. Welcker, Hrsg. (1834 ff.; 2. Aufl. 1845 ff.), Bd. 3, S. 84, sowie darin die Artikel von F. Murhard, Bd. 9, S. 614 ff. und 653 ff.

## V.

Im Unterschied zu den Verfassungswerken von 1848, aber auch zu späteren, wie jenen von 1919 und 1949, stand das Werk der Paulskirche nicht im unmittelbaren Schatten einer deutschen Niederlage in internationalen Konflikten. Das erklärt wohl die große Unbefangenheit, mit der in der Paulskirche auf fremde Verfassungen und ihr Ideengut Bezug genommen wird; man war nicht ängstlich besorgt, hierdurch die Eigenständigkeit des Werkes zu trüben. Vergleiche mit fremden Verfassungen waren an der Tagesordnung; die mit der amerikanischen Bundesverfassung aber übertrafen alle anderen. Dabei ging es nicht um das Anliegen einer Rezeption der amerikanischen Verfassung; das amerikanische Beispiel diente in erster Linie als Arsenal für Argumente, mit denen man die eigenen Ideen, die eigenen Zielsetzungen zu untermauern sucht[21]. Gerade auch dort, wo man andere Ziele verfolgt oder Wege geht, dient das amerikanische Modell als Vergleichsmaßstab zur Verdeutlichung der Unterschiede. Schon vor wie auch während der Arbeiten in der Paulskirche wird die deutsche Öffentlichkeit mit einer Welle von politischen Flug- und Streitschriften überflutet, von denen viele mit mehr oder minder kenntnisreichen Argumenten das amerikanische Verfassungsmodell anpreisen; sie belegen, daß weite Schichten der politisch interessierten Öffentlichkeit die amerikanische Verfassung, wenngleich mit Modifikationen, als brauchbares Vorbild betrachten. Politische Publizisten, wie etwa Julius Fröbel, und Verfassungsjuristen greifen in gleichem Sinne in die Debatte ein.

Die Bezugnahmen auf die amerikanische Verfassung in der Nationalversammlung selbst betreffen nahezu alle wichtigen Elemente des Entwurfs, von der Staats- und Regierungsform, über das Wahlsystem, die Pressefreiheit bis hin zum staatskirchenrechtlichen Verhältnis; selbst der Abschnitt über das Staatsoberhaupt, der zugleich die monarchische Staatsform festlegt, ist nicht ohne Einfluß der republikanischen amerikanischen Verfassung entworfen: Die Kompetenzen des Kaisers werden nicht zuletzt im Blick auf die Kompetenzen des amerikanischen Präsidenten festgelegt.

Ich will mich hier indes auf zwei Elemente beschränken, bei denen der Einfluß der amerikanischen Verfassung am gewichtigsten war, nämlich bei der föderalistischen Struktur und der Stellung des Reichsgerichts als Verfassungsgericht. Auch hierbei handelte es sich nicht um die Rezeption der Idee des Föderalismus als solcher. Deutschland war in seiner bald

---

[21] Vgl. E. Angermann, Der Frühkonstitutionalismus und das amerikanische Vorbild, in: Historische Zeitschrift, 119 (1974), S. 1 ff.

tausendjährigen Geschichte immer eine föderal strukturierte politische Landschaft gewesen, die politische Macht war seit Anbeginn auf der territorialen Ebene der Verfassung gegliedert gewesen. Auch die Idee, daß Gerichte über Verfassungsfragen zu judizieren hätten, war nicht fremd oder neuartig. In der deutschen Verfassungsgeschichte war sie alles andere als unbekannt[22]: In den politischen Prozessen des Mittelalters – Heinrich Mitteis ist ihnen nachgegangen –, etwa 1180 gegen Heinrich den Löwen, waren Verfassungsfragen häufig die entscheidenden Fragen gewesen. 1719 hatten die mecklenburgischen Stände den Reichshofrat gegen die Abschaffung der Stände durch den Herzog angerufen; über eine Exekution des Gerichts verliert er schließlich 1728 seine Regierungsmacht; 1764 greifen die württembergischen Stände erfolgreich die Inhaftierung ihres Rechtsberaters Johann Jakob Moser durch den Herzog an. Die Drohung mit dem Reichshofrat bewegt 1781 den Herzog, das Steuerbewilligungsrecht des baierischen Landtags wieder zu respektieren. Die Reichsgerichte prüfen die formelle Verfassungsmäßigkeit der Gesetze, insbesondere, ob sie die Zustimmung der Reichsstände erlangt hatten, wo dies nach den *leges fundamentales*, wie in der Regel, erforderlich war; sie prüften selbst die inhaltliche Verfassungsmäßigkeit von Territorialgesetzen nach und erklärten sie gelegentlich sogar für nichtig, wenn sie etwa *iura quaesita* verletzt hatten. Worum es 1848/49 ging, war die *Art* des Föderalismus und die Art und Form der Verfassungsgerichtsbarkeit.

1. Zentrale Elemente der bundesstaatlichen Struktur des Werks der Paulskirche werden mit Blick auf die amerikanische, in geringerem Umfang auch mit Blick auf die eidgenössische Verfassung von 1848 entworfen.

a) Wie die amerikanische Verfassung ging auch die Reichsverfassung von 1849 in Art. 5 von dem Grundsatz aus, daß die Gliedstaaten des Reiches ihre Selbständigkeit behalten sollten, soweit dies nicht durch die Verfassung ausdrücklich beschränkt sei. Daß diese Grundstruktur der Begrenzung der Reichsgewalt mit Blick auf das amerikanische Modell entworfen ist, erhellt über allen Zweifel aus dem Bericht des Verfassungsausschusses an das Plenum. Mittermaier, der Berichterstatter, erklärt darin ausdrücklich, daß man zur Festlegung der Beziehungen der Gliedstaaten zur Reichsgewalt nur auf das in Nordamerika und in der Schweiz anerkannte Prinzip zurückgreifen könne, wonach der Grundsatz die Unabhängigkeit und Selbstregierung der Einzelstaaten sei, ihre Rechte die

---

[22] Vgl. B. Wulffen, Richterliches Prüfungsrecht im Heiligen Römischen Reich Deutscher Nation des 18. Jahrhunderts (Diss. Frankfurt a. M., 1968); U. Scheuner, Die Überlieferung der deutschen Staatsgerichtsbarkeit im 19. und 20. Jahrhundert, in: Bundesverfassungsgericht und Grundgesetz, Bd. 1 (1976), S. 1 ff., 13 ff.

18

ursprünglichen Rechte seien, während die der Reichsgewalt übertragene Rechte seien. Der Bericht verweist ausdrücklich auf Art. 1 Abs. 10 der amerikanischen Verfassung, auf die Kommentare von Kent und Story, auf den Federalist Nr. 44 und auf Tocqueville[23].

b) Eine der zentralen Fragen, wenn nicht die zentralste überhaupt, war, welche Stellung das Reich und die Gliedstaaten im Verhältnis zu auswärtigen Mächten innehaben sollten. Unter der alten Reichsverfassung hatten die Territorien und ihre Herrscher den Status von Souveränen im Völkerrecht erlangt. Die Friedensverträge von Münster und Osnabrück von 1648 hatten ihnen ausdrücklich das *ius territoriale* und das *ius foederationis* zuerkannt[24]; sie hatten es längst vorher für sich in Anspruch genommen, hatten diplomatische Beziehungen unterhalten, Verträge geschlossen, Außenpolitik betrieben. Obwohl durch Reichsverfassungsrecht gebunden, nicht gegen die Rechte und Interessen des Reiches und dessen öffentlichen Frieden zu verstoßen, war ihre Außenpolitik in der Realität häufig genug direkt gegen die Außenpolitik des Reiches gerichtet gewesen. Dieser Befund wurde durch dynastische Umstände und die Tatsache kompliziert, daß Staaten, wie Österreich oder Preußen, Territorien von erheblichem Umfang außerhalb des Reiches besaßen, im Falle Österreichs z. B. Lombardisch-Venetien, Ungarn, Kroatien oder Galizien, im Falle Preußens Ostpreußen; die Könige von Großbritannien und Dänemark waren zu Zeiten gleichzeitig die Monarchen deutscher Territorien. Die ständig zunehmende Rivalität zwischen Österreich und Preußen war hauptsächlich auf Kosten des Reiches gegangen.

In diesen komplexen Verhältnissen sah man den Hauptgrund für die politische Ohnmacht Deutschlands. Diesen Zustand zu überwinden und nationale Einheit und Geschlossenheit vor allem in der Außenpolitik zu gewährleisten, erschien 1849 als die zentrale Aufgabe der Verfassungsgebung auf der Reichsebene. Die Lösung, die der Nationalversammlung vorschwebte, war wiederum klar von der amerikanischen Verfassung beeinflußt. Nach Art. 6 der Reichsverfassung sollte ausschließlich die Reichsgewalt die völkerrechtliche Vertretung Deutschlands und der einzelnen deutschen Staaten wahrnehmen. Die Gliedstaaten sollten nicht das Recht haben, ständige Gesandtschaften zu unterhalten. Ihre Befugnis, Verträge mit nicht-deutschen Regierungen zu schließen, sollte auf Gegenstände des Privatrechts, des nachbarlichen Verkehrs und der Polizei

---

[23] Stenographische Berichte über die Verhandlungen der deutschen constituierenden Nationalversammlung zu Frankfurt am Main, hrsg. von Franz Wigard (Frankfurt a. M. 1848/49), Bd. IV, S. 2726, vgl. ferner ibid. S. 2728 ff.
[24] Art. VIII §§ 1, 2 des Friedensvertrags von Osnabrück, Art. 62 f. des Friedensvertrags von Münster.

beschränkt sein. § 10 der Verfassung erkannte ausschließlich der Reichsgewalt, wie es hieß, das Recht des Krieges und des Friedens zu.

Der schon erwähnte Bericht des Verfassungsausschusses verweist auch
in diesem Punkt auf die Lösungen der amerikanischen Bundesverfassung.
Sie bedeuteten nicht weniger, als daß die auswärtige Gewalt nahezu
vollständig beim Reich konzentriert sein sollte, daß die Gliedstaaten in
allen praktisch bedeutsamen Beziehungen ihren Status als unabhängige
Subjekte des Völkerrechts verlieren würden und insoweit das Reich als
einheitliches völkerrechtliches und politisches Subjekt an ihre Stelle treten
sollte.

c) Ein zweiter fundamentaler Grundsatz der Verfassung von 1849 war,
daß das Reich eine unmittelbare Gesetzgebungsgewalt über die privaten
Einzelnen auch in den Gliedstaaten haben sollte und hierdurch nicht nur,
wie unter der Bundesakte, die Mitgliedstaaten als solche gebunden werden sollten. Dies erforderte eine Verteilung der Gesetzgebungskompeten-
zen zwischen Reich und Gliedstaaten sowie eine Kollisionsregel für den
Fall des Konfliktes zwischen Reichs- und Gliedstaatenrecht. Der Rang-
konflikt wurde zugunsten des Reichsrechts entschieden, denn verfas-
sungsgemäß sollte das Reichsrecht Vorrang vor dem Recht der Gliedstaaten haben – die gleiche Lösung wie nach der amerikanischen Bundesverfassung. Die Gegenstände, die der Reichsgewalt zur Gesetzgebung übertragen waren, weisen schlagende Ähnlichkeit mit den entsprechenden
Kompetenzen des amerikanischen Bundesgesetzgebers auf. Man geht
nicht fehl in der Annahme, daß bei allen Unterschieden im einzelnen
Art. 1 Abs. 8 der amerikanischen Verfassung als Vorbild diente. Dieser
Schluß rechtfertigt sich insbesondere aus dem Umstand, daß sich die
Nationalversammlung eingehend mit einem Problem auseinandersetzte,
das in den Vereinigten Staaten im Zusammenhang mit der sogenannten
*necessary and proper*-Klausel des Art. 1 Abs. 8 der amerikanischen Verfassung auftrat. § 62 der Reichsverfassung sah vor, daß das Reich die
Gesetzgebungskompetenz besitze, soweit es zur *Ausführung* der ihm ver-
fassungsmäßig übertragenen Befugnisse *erforderlich* sei. Bei der Erörterung dieser Bestimmung wies der Bericht des Verfassungsausschusses
wiederum ausdrücklich auf die Lösung der amerikanischen Bundesverfassung hin[25].

d) Keine noch so schöne Formulierung über die Selbständigkeit der
Einzelstaaten konnte darüber hinwegtäuschen, daß ihre Stellung, verglichen mit dem Zustand seit 1648, erheblich geschwächt werden sollte. Sie
sollten von auswärtiger Politik und auswärtigen Beziehungen abgeschnit-

---

[25] Sten. Ber. Bd. IV, S. 2983.

ten, auf wesentlichen Gesetzgebungsgebieten wie dem Verteidigungswesen, den Zöllen, Handel und Schiffahrt, Industrie, Bank- und Währungswesen, dem bürgerlichen, Handels-, Straf- und Verfahrensrecht, der vorrangigen Reichsgesetzgebung mit unmittelbarer Geltung für die privaten Einzelnen unterliegen. Die Nationalversammlung versuchte diese Statusminderung dadurch auszugleichen, daß die Staaten in die Willensbildung auf der Reichsebene institutionell eingeschaltet würden. Der Reichsgesetzgeber sollte aus zwei Kammern bestehen, dem Volkshaus und dem Staatenhaus. Die Entscheidung für das Zweikammersystem fiel, wie die Debatten belegen, nicht ohne Einfluß des amerikanischen Zweikammersystems. Seine konkrete Ausgestaltung freilich unterschied sich erheblich vom amerikanischen Beispiel, allerdings sehr viel weniger als spätere deutsche Verfassungen, die für die zweite Körperschaft nicht das amerikanische Senatssystem, sondern das Bundesratssystem entwickeln. 1849 sollte das Staatenhaus nicht ein Repräsentationsorgan der Regierungen sein, vielmehr sollte die eine Hälfte seiner Mitglieder von den Volksvertretungen der Gliedstaaten gewählt, die andere von den Regierungen ernannt werden. Die Mitglieder sollten insbesondere nicht den Weisungen der Regierungen unterliegen. Diese Lösung stand dem amerikanischen Senatssystem viel näher als das spätere Bundesratssystem.

2. Wohl am stärksten war der unmittelbare Einfluß der amerikanischen Bundesverfassung auf die Paulskirche bei der Frage der Errichtung und Ausgestaltung des Reichsgerichts. Zumal für bündisch verfaßte Staaten ist die Beilegung von Verfassungsrechtsstreitigkeiten ein zentrales Problem. Die Entscheidung der Reichsverfassung, die Beilegung solcher Streitigkeiten einer Reichsgerichtsbarkeit anzuvertrauen, war wesentlich vom amerikanischen Beispiel beeinflußt. Die Nationalversammlung erkannte die integrative Funktion, die Verfassungsgerichtsbarkeit erfüllen kann; nach ihrer Auffassung hatte der amerikanische Oberste Gerichtshof diese Funktion in hervorragender Weise erfüllt. Liest man die Debatten, so kann man nur erstaunt darüber sein, in welchem Ausmaß hierbei das Beispiel des amerikanischen Obersten Gerichtshofs im Vordergrund stand. Ich will hier nur den Abgeordneten Mittermaier zitieren: „Was ist es, was als Zierde der amerikanischen Verfassung angesehen wird? Das Oberste Gericht. Es ist das einzige Mittel, wodurch die Unbestimmtheiten, die in der Verfassung sind, behoben und die Lücken ausgefüllt werden. Das einzige Mittel, wodurch die notwendige Fortbildung bewirkt werden kann. Lesen Sie die amerikanische Verfassung, wie man es gewohnt ist, in schlechten Übersetzungen, und vergleichen Sie sie mit dem, was sie wirklich im Leben ist, so werden Sie sehen, sie verdankt ihr Leben, ihre Kraft, die Sicherheit ihrer Bestimmungen über Einzelheiten, den Entscheidungen des Bundesgerichts. An die Erfahrungen Amerikas,

meine Herren, bitte ich Sie sich zu wenden ... Folgen wir dem Beispiel Amerikas und dann werden wir die herrlichsten Früchte davon ernten. Ich bitte Sie, auch unser Gesetz nach den Erfahrungen von Amerika zu ergänzen[26]." Und es folgen detaillierte Ausführungen über die Gerichtsbarkeit des Obersten Gerichtshofs, gerade auch in Verfassungsstreitigkeiten, und über die Form des richterlichen Prüfungsrechts über die Gesetze.

§ 126 der Reichsverfassung von 1849 gestaltete das Reichsgericht als Verfassungsgericht mit einem Umfang an Gerichtsbarkeit aus, wie es – auch im internationalen Vergleich – nur noch vom Bundesverfassungsgericht übertroffen wird[27]. Seine funktionelle wie seine sachliche Gerichtsbarkeit wies erhebliche Unterschiede zu der des Obersten Gerichtshofs in Amerika auf; wesentlich aber war, daß die Idee, die Beilegung von Verfassungsstreitigkeiten einem Obersten Gerichtshof anzuvertrauen, entscheidend vom Beispiel des amerikanischen Modells und der Rolle des amerikanischen Obersten Gerichtshofs im politischen Prozeß der Vereinigten Staaten bestimmt worden war.

3. Die Revolution von 1848 scheiterte – und mit ihr das Verfassungswerk der Paulskirche. Die Gründe dafür waren sehr vielschichtig. Ein wesentlicher Grund aber dürfte gerade in der bundesstaatlichen Struktur der Reichsverfassung zu suchen sein. Die Abschnürung der Einzelstaaten von der Außenpolitik hätte die Konsequenz gehabt, das Habsburger Reich auch politisch in seine deutschen und in seine nicht-deutschen Gebiete zu sondern. Dies war für das Haus Habsburg schlechterdings unannehmbar. Die Note der österreichischen Regierung vom 4. Februar 1849 an die Nationalversammlung hatte das mit großer Klarheit und Entschiedenheit ausgesprochen[28]. Die Reichsverfassung vermochte keine Lösung dafür zu bieten, die Rivalität zwischen Preußen und Österreich in eine politische Einheit aufzulösen. Es war nicht zuletzt der starke Einfluß des amerikanischen Bundesstaatsmodells, der das Werk der Paulskirche scheitern ließ. Aber auch dies ist Einfluß auf die deutsche Verfassungsentwicklung.

Die Reichsverfassung von 1849 markiert den Höhepunkt des Einflusses amerikanischer Verfassungsideen auf diese Entwicklung. Ihr Scheitern

---

[26] Sten. Ber. Bd. V, S. 3614; vgl. auch a. a. O., Bd. IV, S. 2982.

[27] Vieles, zumal hinsichtlich der Verfassungsbeschwerde nach § 126 g der Reichsverfassung, wäre freilich von der künftigen Ausführungsgesetzgebung abhängig gewesen; § 126 g selbst war schon auf erheblichen Widerstand gestoßen, vgl. J.-D. Kühne, Die Reichsverfassung der Paulskirche (1985), S. 200. Der zugrunde liegende Gedanke aber, die Grundrechte mit gerichtlichen Verfahren zu bewehren, war eindringlich vom amerikanischen Beispiel beeinflußt; vgl. auch C. J. Friedrich, The Impact of American Constitutionalism abroad (1967), S. 76.

[28] Sten. Ber. Bd. VII, S. 5149 ff.

bedeutete nicht das Ende. Kein anderes Verfassungsdokument hat seither eine vergleichbare Wirkung auf die weitere Verfassungsentwicklung in Deutschland ausgeübt. Es war das erste umfassende verfassungsrechtliche Konzept für die politische Identität und Einigung Deutschlands. Wesentliche Elemente der Bismarck-Verfassungen von 1867 und 1871, der Weimarer Verfassung von 1919 und des Grundgesetzes entstammen dem Gedankengut der Paulskirche. Damit einher gingen die ursprünglichen Einwirkungen des amerikanischen Verfassungsdenkens auf dieses Werk; dieses Ideengut wurde vom deutschen verfassungsrechtlichen Denken immer mehr integriert, mehr und mehr internalisiert und als eigenes Gedankengut begriffen.

Die Einwirkung amerikanischer föderalistischer Prinzipien auf das Werk der Paulskirche war, wie bemerkt, selektiv geschehen. Der Grund hierfür lag in den höchst unterschiedlichen historischen, politischen, wirtschaftlichen und sozialen Ausgangslagen. Sie bedingten eine sehr unterschiedliche politische Philosophie des jeweiligen Föderalismus[29]. Nimmt man den farbigen Bevölkerungsteil aus, so war die damalige amerikanische Gesellschaft durch ein ungleich höheres Maß an wirtschaftlicher und gesellschaftlicher Gleichheit gekennzeichnet als die deutsche Gesellschaft der Zeit. Jeder Mann, der sein Salz wert war und über die nötige Gesundheit verfügte, konnte westwärts ziehen, Land erwerben und wirtschaftlich weitgehend unabhängig werden. Für die Väter der amerikanischen Verfassung war der Föderalismus ein Strukturelement in ihrem System des Gewaltenausgleichs und der Gewaltenbalance, eine Komponente, um die Idee der Volkssouveränität verfassungsrechtlich zu strukturieren. Im Deutschland des 19. Jahrhunderts wurde der Föderalismus nicht als Mittel der verfassungsrechtlichen Strukturierung der Idee von Volksherrschaft gesehen. Sein politischer Grundgedanke war, nationale Identität und Einheit auf einem Wege herbeizuführen, der die gewachsenen Strukturen der deutschen Einzelstaaten, gerade auch ihre monarchische Staatsform, möglichst aufrecht erhalten würde. Nicht in erster Linie das Ziel, die Reichsgewalt zu kontrollieren und zu balancieren, sondern die deutschen Staaten in eine Reichsgewalt überhaupt erst zu integrieren, war die politische Herausforderung und das zentrale Problem der Paulskirche. Amerika war nicht belastet mit den Ideen monarchischer Legitimität, ihren Herrschaftsformen und mit der Erbschaft ehrgeiziger und eifersüchtiger Einzelstaaten; das Deutschland des 1848 trug diese Bürde und scheiterte an ihr. Man hat nicht ohne Grund bezweifelt, ob der amerikanische Typ des Föderalismus politisch überhaupt ohne die Basis

---

[29] Ullner, a. a. O., S. 1 ff.

der Idee der Volkssouveränität und der ihr zugrunde liegenden Freiheitskonzeption zu verwirklichen sei[30].

## VI.

In der Folgezeit ergriff der Einfluß amerikanischen Verfassungsdenkens nicht mehr, wie um das Jahr 1848, breite Kreise der politisch interessierten Öffentlichkeit; Historiker und Staatsrechtslehrer wandten sich der amerikanischen Verfassung und ihrer Entwicklung zu. Es war wiederum Robert von Mohl – zu Zeiten der Paulskirche Reichsjustizminister –, der im Jahre 1855 eine Geschichte und Literatur der Staatswissenschaften veröffentlichte[31]. Darin tritt er nachdrücklich dafür ein, das wissenschaftliche Interesse insbesondere dem amerikanischen Öffentlichen Recht zuzuwenden. Gestalten wie John Marshall, die Verfasser der Federalist Papers, die großen amerikanischen Kommentatoren, seien Sterne erster Größe, der Federalist ein Meisterstück an Klarheit, das unter die größten wissenschaftlichen Errungenschaften zähle[32]. Um so bedauerlicher, daß diese Werke in Deutschland allenfalls vom Hörensagen bekannt seien. Von Mohl unterstreicht vor allem die Rolle des amerikanischen Obersten Gerichtshofs und insbesondere seines Prüfungsrechts über Gesetze. Durch seine mutige Auslegung der Bundesverfassung habe John Marshall die Verfassungsentwicklung aufs rechte Geleis gebracht[33]. Seine Stellung als abschließender Interpret der Verfassung erweise den Obersten Gerichtshof als ein Verfassungsgericht im materiellen Sinne. Robert von Mohl entfaltet dabei eingehend die Argumente, die Alexander Hamilton und John Marshall für die Inanspruchnahme eines richterlichen Prüfungsrechts vorgebracht hatten, und die in der Tat seither nicht überboten worden sind. Damit griff er in die zeitgenössische Auseinandersetzung über ein richterliches Prüfungsrecht in Deutschland ein; er tat es ein weiteres Mal in den Jahren 1859 und 1860[34] – im Ergebnis freilich

---

[30] Ullner, a. a. O., S. 25 ff., 46 ff. und passim; Franz Lieber, Aus den Denkwürdigkeiten eines Deutsch-Amerikaners (1885), S. 189; Robert von Mohl, Staatsrecht, Völkerrecht und Politik, Bd. 1 (1860), S. 493 ff. hegte beträchtliche Zweifel hinsichtlich der Vereinbarkeit von Demokratie und monarchischer Staatsform.

[31] Robert von Mohl, Die Geschichte und Literatur der Staatswissenschaften (1855).

[32] A. a. O., Bd. 1, S. 251, 509 ff.

[33] A. a. O., Bd. 1, S. 582.

[34] Robert von Mohl, Gesetz, Gesetzgebende Gewalt, Gesetzgebung, in: Bluntschli/Brater, Deutsches Staatswörterbuch, Bd. 4 (1859), S. 267; ders., Über die rechtliche Bedeutung verfassungswidriger Gesetze, in: Staatsrecht, Völkerrecht und Politik, Bd. 1 (1860), S. 67 ff. Zum Teil äußerst kritisch gegenüber der ameri-

24

vergeblich. Diese Debatte hatte schon bald nach dem Erlaß der ersten
süddeutschen Verfassungen eingesetzt[35]. Die Beteiligten wußten, was auf
dem Spiele stand. Ein richterliches Prüfungsrecht über Verordnungen des
Monarchen hätte nichts weniger bedeutet, als daß die Verfassung über
dem Fürsten stünde, und damit wäre das Prinzip der monarchischen
Legitimität grundlegend in Frage gestellt worden[36]. Es verwundert des-
halb nicht, daß das Wiener Schlußprotokoll vom 12. Juni 1834 die Fürsten
aufforderte, sich gegen Usurpationen seitens der Gerichte zu wenden,
womit das richterliche Prüfungsrecht gemeint war. Während ein solches
Recht unter einigen liberaleren Regierungen in Süddeutschland, in Sach-
sen und in den Hansestädten eine gewisse Bedeutung erlangt, konnte es
sich im übrigen nicht durchsetzen. Die preußische Verfassung von 1850
wie auch einige weitere Verfassungen erklärten ausdrücklich alle Gesetze
und königlichen Verordnungen für verbindlich, was bedeuten sollte, daß
ihre gerichtliche Überprüfung ausgeschlossen sein sollte. In Hannover
und Kurhessen führte die Inanspruchnahme des Prüfungsrechts zu
schwersten Verfassungskonflikten[36a].

Die wissenschaftliche Debatte erreichte ihren Höhepunkt in den Auseinandersetzungen auf dem 3. und 4. Deutschen Juristentag 1862 und
1863[37]. Gegen den Widerstand einer Minderheit liberaler Staatsrechtslehrer verneinte die vorherrschende Lehre und Praxis ein Recht der Gerichte
zur auch materiellen Überprüfung der Verfassungsmäßigkeit von Geset-

kanischen Entwicklung ist seine Abhandlung: Die Weiterentwicklung des demokratischen Principes im nordamerikanischen Staatsrechte, in: Staatsrecht, Völkerrecht und Politik, Bd. 1, S. 493 ff.

[35] Allgemein vgl. hierzu E. R. Huber, Deutsche Verfassungsgeschichte seit
1789, Bd. 3 (1963), S. 1055; Ch. Gusy, Richterliches Prüfungsrecht. Eine verfas-
sungsgeschichtliche Untersuchung (1985); R. Wahl und F. Rottmann, Die Bedeutung der Verfassung und der Verfassungsgerichtsbarkeit in der Bundesrepublik
im Vergleich zum 19. Jahrhundert und zu Weimar, in: Sozialgeschichte der Bundesrepublik Deutschland, hrsg. von W. Conze und R. M. Lepsius (1983), S. 339 ff.

[36] H. von Konschegg, Ursprung und Wandlung des richterlichen Prüfungsrechts in Deutschland im 19. Jahrhundert (Diss. 1936), S. 53 ff.; Gusy, a. a. O.,
S. 29; E. W. Böckenförde, Der Verfassungstyp der deutschen konstitutionellen
Monarchie im 19. Jahrhundert, in: Moderne deutsche Verfassungsgeschichte, hrsg.
von E. W. Böckenförde (1972), S. 146 ff.

[36a] Zum hannoverschen Verfassungskonflikt vgl. das Gutachten der Tübinger
Juristenfakultät, eines der großartigsten Dokumente der deutschen Verfassungs-
und Universitätsgeschichte, in: Gutachten der Juristen-Fakultät in Heidelberg,
Jena und Tübingen, die Hannoversche Verfassungsfrage betreffend, hrsg. von
Dahlmann (Jena 1839), S. 101 ff.

[37] Verhandlungen des Dritten Deutschen Juristentages, Bd. 2 (1863), Sten. Ber.
S. 10 ff.; Verhandlungen des Vierten Deutschen Juristentages, Bd. 1 (1863),
S. 199 ff., Sten. Ber. S. 11 ff.

zen. Der Einfluß der amerikanischen Praxis auf diese Debatte war trotz der vorangegangenen Veröffentlichungen Robert von Mohls offenbar sehr gering. Dabei ist freilich anzumerken, daß der amerikanische Oberste Gerichtshof seit den beiden Entscheidungen United States v. Yale Todd von 1794 und Marbury v. Madison von 1803 für annähernd ein halbes Jahrhundert kein Bundesgesetz mehr für verfassungswidrig erklärt hatte. Selbst im zeitgenössischen amerikanischen Schrifttum fand das richterliche Prüfungsrecht keine nähere Aufmerksamkeit[37a]. Von daher ist es vielleicht zu erklären, daß die deutsche Debatte kaum auf die amerikanische Rechtslage einging; um so eindrucksvoller freilich, mit welcher Klarsicht die Paulskirche und Robert von Mohl das Problem erkannt hatten.

Ein letzter Anklang amerikanischen Einflusses auf Regierungsebene in der Zeit des Deutschen Bundes findet sich 1862 in einem Vorschlag der österreichischen Regierung an die Bundesversammlung, beim Bund ein Oberstes Bundesgericht zu errichten. Er war geboren aus dem Bemühen Österreichs, ein konföderatives System zu bewahren, das durch den zunehmenden Antagonismus mit Preußen immer mehr in Gefahr geraten war. Die Gerichtsbarkeit dieses Gerichts wies in die Augen springende Ähnlichkeiten mit der des amerikanischen Obersten Gerichtshofs auf[38]. Indes war dieser österreichischen Initiative kein Erfolg mehr beschieden.

## VII.

Unmittelbare Einwirkungen amerikanischen Verfassungsdenkens auf die Verfassungen von 1867 und 1871 lassen sich nicht feststellen. Ein Vorschlag von Karl Salomon Zachariae, ein Bundesgericht zu errichten, dessen Gerichtsbarkeit in etwa dem Reichsgericht der Verfassung von 1849 entsprochen hätte, wurde abgelehnt. Die Bismarck-Verfassung überwies die Beilegung von Verfassungsstreitigkeiten dem höchsten politischen Organ des Reiches, dem Bundesrat. Mittelbar war freilich auch bei der Reichsverfassung von 1871 ein Einfluß amerikanischen Verfassungsrechts wirksam. Die Reichsverfassung hatte wesentliche Elemente der föderativen Ausgestaltung von 1849 und mit ihr gewissermaßen als Fernwirkungen Einflüsse übernommen, die damals das amerikanische Gedankengut ausgeübt hatte. Die wesentliche föderalistische Neuerung gegenüber 1849, nämlich die Einrichtung des Bundesrates, hatte freilich kein Vorbild in der amerikanischen Verfassung.

---

[37a] Darauf weist zu Recht K. Stern, a. a. O., S. 33 hin.
[38] Vgl. Ullner, a. a. O., S. 55 f.

Von Interesse ist eine gewisse Parallelität der Argumentation in der verfassungsgebenden Versammlung des Norddeutschen Bundes mit ähnli-
chen Überlegungen im Verfassungskonvent von Philadelphia in der Frage
der Aufnahme von Grundrechten in die Bundesverfassung. Die Fort-
schrittspartei hatte beantragt, einen Grundrechtsteil ähnlich den Grundrechten von 1848 aufzunehmen. Dem trat Bismarck entgegen mit dem
Argument, daß dies unitarische Tendenzen zum Schaden der föderativen
Struktur stärken müsse. Denn Bundesgrundrechte mußten mit einer
gewissen Zwangsläufigkeit auch eine Bundesgesetzgebungskompetenz
über die Regulierung solcher Grundrechte nach sich ziehen. Das war das
nämliche Argument, mit dem man ursprünglich in Philadelphia die
Aufnahme von Grundrechten in die Bundesverfassung abgelehnt hatte[39].

Wiewohl sie sich vornehmlich mit den Problemen der neuen Reichsverfassung befaßte, wandte sich die deutsche Rechtswissenschaft nunmehr
wieder in steigendem Maße dem amerikanischen Verfassungsrecht zu.
Bluntschli hatte der amerikanischen Verfassung in seiner Staatslehre von
1880 zwar nur ein knappes Kapitel gewidmet; Brie in seiner Arbeit über
den Bundesstaat (1874) und Georg Jellinek in seiner Lehre von den
Staatenverbindungen (1882) hatten ihr breiten Raum eingeräumt. Von
Holst, Schlief und Rüttimann widmeten ihr Monographien[40]. Die drei
bedeutendsten Arbeiten waren Georg Jellineks Erklärung der Menschen-
und Bürgerrechte (1885), Heinrich Triepels Abhandlung über die Kompetenzen des Bundesstaates und die geschriebene Verfassung (1908)[41] und
Erich Kaufmanns Untersuchung der auswärtigen und der Kolonialgewalt
in den Vereinigten Staaten, ebenfalls 1908 erschienen.

Während man auf dem europäischen Festland bis zu diesem Zeitpunkt
weithin die französische Erklärung der Menschenrechte als den historischen Ursprung der Menschen- und Bürgerrechte betrachtet hatte, zeigte
Jellinek, daß es nicht Rousseau's Gesellschaftsvertrag, sondern die amerikanischen Grundrechtserklärungen es gewesen waren, die als Modell für

---

[39] Vgl. z. B. Sherman, in: Farrand, Records, a. a. O., Bd. 2, S. 617 ff.; Madison
in: J. Elliot, Hrsg., The Debates in the Several State Conventions on the Adoption
of the Federal Constitution (Neudruck der 2. Aufl. 1937), Bd. 3, S. 620, 626. Die
Argumente Hamilton's im Federalist no. 84 andererseits fanden keine Entsprechung in der deutschen Verfassungsdebatte der Zeit.

[40] Von Holst, Das Staatsrecht der Vereinigten Staaten von Amerika (1885);
Schlief, Die Verfassung der Nordamerikanischen Union (1880); Rüttimann, Nord-
amerikanisches Bundesstaatsrecht (1886). Ein Werk allgemeineren Zuschnitts, aber
mit gewichtigen verfassungsrechtlichen Bezügen, war Münsterberg, Die Amerika-
ner (1904).

[41] In: Staatsrechtliche Abhandlungen, Festgabe für Paul Laband, Bd. 2 (1908),
S. 247 ff.

die französische Erklärung gedient hatten. Nach seiner Meinung war es die Leistung des amerikanischen Verfassungsrechtsdenkens gewesen, die Ideen der Grundrechte, die gewiß weit in die europäische Geschichte zurückreichten, zum ersten Mal konstitutionalisiert, d.h. zu aktuellem, positivem Verfassungsrecht gemacht zu haben. Und er weist nachdrücklich auf ihren Schutz durch das richterliche Prüfungsrecht hin. Jellineks These erregt heftige Kontroversen in Deutschland wie in Frankreich. Was blieb war, daß Jellinek in Deutschland den Boden für eine verfassungsrechtliche Theorie der Grundrechte bereitete. Es dauerte freilich noch Jahrzehnte, bis die Grundrechte eine ähnliche normative Wirkung zu entfalten beginnen, wie Jellinek sie für das amerikanische Verfassungsrecht beschrieben hatte. Noch waren in Deutschland der philosophische Relativismus und der rechtstheoretische Positivismus auf dem Höhepunkt. Ihre empiristisch limitierten Erkenntnistheorien konnten mit Notwendigkeit platonische oder apriorisch-metaphysische Ideen von Gerechtigkeit und damit auch vorstaatliche Grundrechte nicht begreifen.

Triepel führte die amerikanische Doktrin der *implied powers* in das deutsche Verfassungsrecht ein. Nach seiner Auffassung besaß das Reich in genau demselben Sinne *implied powers* wie die amerikanische Bundesgewalt[42]. Daß dieses Theorem, unter welchen Bezeichnungen auch immer, seine Aktualität bis auf den heutigen Tag bewahrt hat, braucht hier nicht ausgeführt zu werden.

Die wohl tiefschürfendste Untersuchung war die Monographie Erich Kaufmanns. Er führt zumal die unterschiedliche Funktion der Gerichtsbarkeit in Amerika und in Europa auf einen fundamentalen Unterschied in den Grundkonzeptionen von Recht und Staat zurück. Das amerikanische System sei Ausdruck eines konsequenten und selbstsicheren Rationalismus, das europäische das Ergebnis eines Gespürs für die Irrationalität der Welt. Für den Rationalismus sei es möglich, auch legislative Akte einer rein vernunftmäßigen Erkenntnis zu unterwerfen; der Irrationalismus glaube demgegenüber nicht an die Möglichkeit solcher Art Vernunfterkenntnis, sondern müsse auf die *bona fides* der Letztentscheidungsinstanzen vertrauen. Nicht einmal das rationalistische Naturrecht in Europa, weder Montesquieu, John Locke noch sonstige Naturrechtsschulen hätten gefordert, daß die Gerichte die letzte Entscheidungsinstanz über die Einhaltung der Verfassung zu sein hätten. Damit hatte Erich Kaufmann gewissermaßen erkenntnistheoretisch die negative Haltung in Deutschland wie auch weithin im übrigen Europa gegenüber dem richterlichen Prüfungsrecht zu untermauern versucht. In der anschließenden Weimarer Zeit werden die ersten Breschen in diese Mauern geschla-

---

[42] A.a.O., S. 260, 292 f.

28

gen, nunmehr aber mit Erich Kaufmann auf der anderen Seite der Gräben und zwar in vorderster Front.

## VIII.

Die Weimarer Verfassung wurde im Schatten der Niederlage Deutschlands entworfen. Friedrich Naumann wies in der Sitzung der Nationalversammlung vom 13. Februar 1919 mit aller Deutlichkeit darauf hin, als er sagte, daß zu allen Zeiten die Sieger einen gewissen Einfluß auf die politische Form der Besiegten ausgeübt hätten, und er mit aller Freimütigkeit feststellen wolle, daß man einer Weltlage gegenüber stehe, in der der Typ der politischen Form von Amerika ausgehe[43]. Während in dieser sehr allgemeinen Erklärung angelegt war, daß die künftige politische Staatsform Deutschlands nur in einer demokratischen Republik bestehen könne, läßt sich ein unmittelbarer Einfluß amerikanischer Verfassungsprinzipien auf die Weimarer Verfassung nur sehr schwer anhand dokumentierter Materialien ausmachen. Mittelbar freilich war amerikanisches Verfassungsdenken wiederum am Werk, nämlich über die weitgehenden Anknüpfungen der Weimarer Verfassung an wesentliche Strukturelemente der Verfassung von 1849.

Mit der republikanischen Staatsform wurde die Stellung des Präsidenten der Republik die kritische Frage. Während der Debatte hierüber wurde häufig auf das amerikanische Modell Bezug genommen, teils befürwortete man, teils lehnte man das dortige Präsidentschaftsmodell ab[44]. Wir wissen auch, daß Friedrich Ebert sich während der Arbeiten in einem Gespräch mit Max Weber eingehend über die Stellung des amerikanischen Präsidenten erkundigt hatte[45]. Nach allem hat es den Anschein, daß die Entscheidung, den Präsidenten unmittelbar durch das Volk wählen zu lassen, nicht ohne Blick auf den amerikanischen Typ der Präsidentschaft gefällt wurde, während die Übernahme des parlamentarischen Regierungssystems mehr am europäischen, insbesondere dem französischen Modell orientiert war. Letztlich aber war die Stellung des

---

[43] 6. Sitzung vom 13. Februar 1919, Sten. Ber. S. 129.
[44] Vgl. 14. Sitzung vom 24. Februar 1919, Sten. Ber. Bd. 2, S. 697 (Preuß); 17. Sitzung vom 28. Februar 1919, Sten. Ber. Bd. 2, S. 924 (Fischer); 46. Sitzung vom 4. Juni 1919, Sten. Ber. Bd. 5, S. 3201 (Heinze), S. 3197 (Ablaß), S. 3186 (Philip).
[45] Vgl. René König, Max Weber, in: „Die Großen Deutschen", Deutsche Biographie, hrsg. von H. Heimpel, Th. Heuss, B. Reiffenberg (1957), Bd. 4, S. 408 f.

Reichspräsidenten ein eigenständiges und eigenwilliges Konstrukt der deutschen Architekten der Weimarer Verfassung.

In anderen Punkten finden sich nur gelegentliche Hinweise auf die amerikanische Verfassungslage. Den Völkerrechtler wird vielleicht interessieren, daß die einzige Stelle, an der man eine unmittelbare Einwirkung amerikanischer Prinzipien feststellen kann, Art. 4 der Weimarer Verfassung war. Er sah vor, daß die allgemein anerkannten Regeln des Völkerrechts als bindende Bestandteile des deutschen Reichsrechts gelten sollten. Hugo Preuß, der Vater des Verfassungsentwurfs, bemerkte dazu, daß die junge Republik damit die bindende Kraft des Völkerrechts anerkennen wolle gerade so, wie es einst die jungen Vereinigten Staaten getan hätten[46]. Nachdem der Entwurf des Art. 4 zunächst geändert worden war, wurde seine ursprüngliche Fassung wieder hergestellt; der Berichterstatter, der Abgeordnete Kahl, bemerkte dazu, daß dies auf ausdrücklichen Wunsch des Auswärtigen Amtes und des Reichsjustizministeriums geschehen sei, die beide großen Wert darauf gelegt hätten, weil der ursprüngliche Entwurf des Art. 4 der anglo-amerikanischen Rechtsprechung und Staatspraxis entspreche[47].

2. Im Gegensatz zur Reichsverfassung von 1871 und vorwiegend in Anknüpfung an die Paulskirche entschied man sich in Weimar, für die Beilegung von Verfassungsrechtsstreitigkeiten Gerichte zu berufen. 1849 war dies, wie zu zeigen versucht wurde, unter erheblichem Einfluß des amerikanischen Modells erfolgt. Bei der Ausgestaltung der Verfassungsgerichtsbarkeit in Art. 13 der Weimarer Verfassung – hierzu wurde durch Gesetz zur Entscheidung über die Vereinbarkeit von Landesrecht mit Reichsrecht im allgemeinen das Reichsgericht, in Steuer- und Finanzfragen der Reichsfinanzhof berufen – sowie der Staatsgerichtsbarkeit nach Art. 108 lassen sich unmittelbare Einwirkungen des amerikanischen Modells nicht aufzeigen.

Die Weimarer Verfassung schwieg zu der Frage, ob die Gerichte ganz allgemein das Recht haben sollten, die inhaltliche Verfassungsmäßigkeit von Gesetzen zu überprüfen.

3. Um so leidenschaftlicher griff die Rechtswissenschaft der Zeit dieses Problem auf. Die überkommene Lehre widersetzte sich nach wie vor einem richterlichen Prüfungsrecht. Gegen die herrschende Lehre erhob sich nunmehr aber eine zunehmende Phalanx von Autoren. In vorderster Reihe standen Erich Kaufmann, Heinrich Triepel und Gerhard Leibholz. Sie hatten eingehende Kenntnisse des amerikanischen Rechts. Diese Aus-

---

[46] 14. Sitzung vom 24. Februar 1919, Sten. Ber. Bd. 2, S. 681.
[47] 44. Sitzung vom 2. Juli 1919, Sten. Ber. Bd. 5, S. 2949.

einandersetzungen[48], die ihren Höhepunkt auf den Tagungen der Vereinigung der Deutschen Staatsrechtslehrer hatten, waren der Ort, an dem
nunmehr amerikanisches Verfassungsdenken unmittelbar auf das deutsche
einwirkte.

Die Auseinandersetzungen über das richterliche Prüfungsrecht waren
aufs Engste verknüpft mit einer zweiten großen Auseinandersetzung,
über die Frage nämlich, ob der Gleichheitssatz des Art. 109 Abs. 1 der
Verfassung nur besage, daß ein gegebenes Gesetz in gleicher Weise
*angewendet* werden müsse – das war die herkömmliche Lehre – oder ob
das Gesetz selbst den Anforderungen materialer Gleichheit genügen
müsse, mit anderen Worten, ob auch der Gesetzgeber Gleichheitskrite-
rien von Verfassungswegen zu beachten habe. Es waren wiederum Heinrich Triepel und Erich Kaufmann, die die traditionelle Lehre der bloßen
Rechtsanwendungsgleichheit bekämpften[49]. In Triepels Meinung verletzte
der Gesetzgeber den Gleichheitssatz, wenn ein Gesetz willkürliche
Unterscheidungen machte, Unterscheidungen, die vernünftig und gerecht
denkende Menschen nicht akzeptieren könnten. Hier wurde der Maßstab
der Vernünftigkeit, der Nichtwillkürlichkeit als verfassungsrechtlicher
Maßstab für die Gültigkeit von Gesetzgebungsakten in Anspruch genommen. Gerhard Leibholz unternahm es, diese neue Lehre in seiner Monographie Die Gleichheit vor dem Gesetz (1925) mit rechtsvergleichenden
Argumenten zu untermauern. Und er zog hierfür vor allem die Rechtsprechung des amerikanischen Obersten Gerichtshofs und des schweize-
rischen Bundesgerichts heran[50]. Weitere Autoren schlossen sich dieser
Lehre an. Gegen den Widerstand eines nach wie vor beträchtlichen Teils
der Lehre, unter ihnen Anschütz und Thoma, leitete das eine grundle-
gende Wende in der Verfassungsrechtslehre und Verfassungsrechtspraxis
ein, denn die Frage der Bindung des Gesetzgebers an den Gleichheitssatz
stellte ganz allgemein die Frage nach der unmittelbaren normativen
Wirkung aller Grundrechte. Im Zusammenwirken mit dem richterlichen

---

[48] Da die Belege hierfür geläufig sind, wird darauf verzichtet, sie hier im
einzelnen aufzuführen; vgl. statt aller E. von Hippel, Das richterliche Prüfungsrecht, in: Handbuch des Deutschen Staatsrechts, Bd. 2 (1932), S. 552 ff.; Häberle,
Hrsg., Verfassungsgerichtsbarkeit (1976), jeweils mit Nachweisen. Die Debatte
eröffneten E. Kaufmann, Die Verfassungswidrigkeit des § 46 des Gesetzes über die
Reichsfinanzverwaltung, in: JW 48 (1919), S. 901 ff., und Triepel, Der Weg der
Gesetzgebung nach der neuen Reichsverfassung, in AöR 39 (1920), S. 456 ff.

[49] H. Triepel, Goldbilanzen-Verordnung und Vorzugsaktien (1924); E. Kaufmann, Die Gleichheit vor dem Gesetz im Sinne des Art. 109 der Reichsverfassung,
VVDStL 3 (1927), S. 2 ff.

[50] G. Leibholz, Die Gleichheit vor dem Gesetz (1925, 2. Aufl. 1959), S. 79 f. und
passim.

Prüfungsrecht mußte sie bedeuten, daß Gesetze künftig auf den Prüfstand der Gerichte geraten würden und daß diese Prüfung auch am Maßstab der Grundrechte erfolgen würde. Das mußte der Verfassung und dem Verfassungsrecht eine völlig neuartige Qualität und praktische Wirkungskraft beimessen.

Wie leidenschaftlich diese Auseinandersetzungen geführt wurden, erhellt ein – in der deutschen richterlichen Tradition außergewöhnlicher – Vorgang. Die private Vereinigung der Richter am Reichsgericht veröffentlichte im Januar 1924 eine Warnung an die Reichsregierung bezüglich der Pläne des Kabinetts, von der Aufwertung (im Anschluß an die Inflation) durch Gesetz bestimmte Arten vermögenswerter Rechte auszuschließen; wenn dieses Vorhaben verwirklicht würde, beschwörte es die Gefahr herauf, daß die Gerichte ein solches Gesetz als Verletzung der Grundsätze von Treu und Glauben, der guten Sitten, und als verfassungswidrige Enteignung qualifizieren würden[51]. Dies war die Ankündigung der Inanspruchnahme eines materiellen Prüfungsrechts gegenüber Reichsgesetzen durch die Richter des Reichsgerichts. Die weitere Entwicklung brauche ich nicht zu schildern, nach weniger als zwei Jahren, in der Entscheidung vom 4. November 1925, unterwarf das Reichsgericht das Aufwertungsgesetz einer Überprüfung auf seine inhaltliche Verfassungsmäßigkeit[52]. Andere Gerichte, insbesondere der Reichsfinanzhof schon 1921 und das Reichsversorgungsgericht, das erstmals 1924 ein Reichsgesetz für verfassungswidrig gehalten hatte, waren vorausgegangen[53]. Es bestehen wenig Zweifel daran, daß diese Entwicklung unter starkem Einfluß des amerikanischen Verfassungsdenkens, insbesondere auch der Rechtsprechung des Obersten Gerichtshofs verlaufen war.

Es ist freilich auffällig, daß sich das Recht der richterlichen Überprüfung von Gesetzen gerade unter den politischen und sozialen Bedingungen der Weimarer Republik entwickelt. Unter der Bismarck-Verfassung und in den Zeiten davor wußten die politisch vorherrschenden Schichten, insbesondere das Bürgertum, ihre Rechte und Interessen bei gesetzgebenden Körperschaften aufgehoben, in denen sie sich sicher repräsentiert sahen und in denen sie über verläßliche Mehrheiten verfügten. Nunmehr

---

[51] Erklärung des Richtervereins beim Reichsgericht, abgedruckt in JW vom 15. Januar 1924, S. 90.

[52] RGZ 111, 320 (1925); in früheren Entscheidungen hatte sich ein solcher Schritt bereits angekündigt, vgl. RGZ 102, 161, 164; 107, 377, 379; zur Entwicklung der Rechtsprechung vgl. Gusy, a. a. O., S. 80 ff.; Badura, Richterliches Prüfungsrecht und Wirtschaftspolitik, in: Festschrift L. Fröhler (1980), S. 321 ff., 328 ff.

[53] Vgl. RFHE 5, 333; KG PreußVerwBl. 42 (1921), S. 294; Reichsversorgungsgericht, Entscheidungen Bd. 4, S. 168 ff., 188 (1924).

aber waren sozialistische Parteien, deren Stärke von Jahrzehnt zu Jahrzehnt angestiegen war, in der Lage, Mehrheiten und Regierungen zu bilden. Und plötzlich ist das richterliche Prüfungsrecht in Deutschland geboren. Kein Wunder, daß es in der Weimarer Zeit gerade von demokratisch gesinnten Juristen als anti-demokratisches Mittel zur Beschneidung der Mehrheitsherrschaft verdächtigt wurde. Der Alptraum einer ungezügelten Mehrheitsherrschaft hatte die Väter der amerikanischen Verfassung, allen voran Alexander Hamilton und James Madison, freilich schon annähernd 150 Jahre früher geplagt.

Trotz einer Reihe beachtlicher Entscheidungen, in denen die Gerichte der Weimarer Republik das richterliche Prüfungsrecht ausübten, war die Zeitspanne, die der ersten Republik verblieb, zu kurz, um das richterliche Prüfungsrecht voll sich entfalten zu lassen.

## IX.

Es überrascht nicht, daß während der folgenden nationalsozialistischen Zeit Einflüsse des amerikanischen Verfassungsrechts auf die deutsche Verfassungslage nicht festzustellen sind. Erstaunlich ist eher, daß in dieser Zeit zwei Monographien aus der Feder Hermann von Mangoldts erscheinen konnten, die eine über die geschriebene Verfassung und Rechtssicherheit in den Vereinigten Staaten (1934), die andere über Rechtsstaatsgedanken und Regierungsform in den Vereinigten Staaten (1938)[54]. Während Carl Schmitt, jedenfalls nach 1933, und andere sich nicht genug daran tun konnten, die rechtsstaatliche Demokratie verächtlich zu machen[55], sprach aus diesen Büchern rechtsstaatlicher Geist. Selbst im Ausdruck findet man kein Zugeständnis an den Zeitgeist. Im Vorwort seiner zweiten Arbeit schreibt der Autor, daß er sich absichtlich versage, Vergleiche mit dem deutschen Recht anzustellen, und sich eventueller Schlußfolgerungen enthalten wolle. 1948 wird Hermann von Mangoldt Mitglied des Parlamentarischen Rates.

## X.

Zu keiner Zeit seit 1848/49 hat sich das deutsche politische und rechtliche Denken so eindringlich mit dem amerikanischen politischen

---

[54] Vgl. dazu auch Chr. von Unruh, Nordamerikanische Einflüsse auf die deutsche Verfassungsentwicklung, DVBl. 1976, S. 455 ff., 461 ff.

[55] Vgl. nur C. Schmitt, Die Weiterentwicklung des totalen Staats in Deutschland, in: Europäische Revue, 9. Jg. (1933), S. 65 ff.

und rechtlichen System befaßt wie nach dem Zweiten Weltkrieg. Dies gilt insbesondere für das amerikanische Verfassungsrecht. Fragt man nach seinen möglichen Einflüssen auf die Ausarbeitung des Grundgesetzes, so seien hier die Vorgaben und Interventionen der westlichen Besatzungsmächte beiseite gelassen[56]; nicht um sie zu unterschlagen, sondern weil das Grundgesetz seit 1949 in den Augen der deutschen Öffentlichkeit als eigenständige, legitime Verfassungsordnung der westlichen Teile Deutschlands akzeptiert worden ist und diese Vorgaben, nämlich eine bundesstaatliche Ordnung und eine Garantie von Grundrechten, sich ohnehin mit den Vorstellungen auf deutscher Seite trafen; die Interventionen zugunsten einer Stärkung der finanziellen Stellung der Länder, die in Weimar Kostgänger des Reiches gewesen waren, vermochten nicht, dem Grundgesetz den Makel eines von den Besatzungsmächten oktroyierten Instruments aufzudrücken. Eine gewisse Wirkung der alliierten Vorgaben war freilich, daß die Überlegungen zur Frage des Föderalismus und der Grundrechte im Parlamentarischen Rat sehr viel weniger prinzipiell im Sinne einer politischen Grundsatzentscheidung ausfielen als etwa in der Paulskirche.

Während wir in den Protokollen von Herrenchiemsee ganze zehn Bezugnahmen auf amerikanisches Verfassungsrecht finden, sind sie im Parlamentarischen Rat zahlreicher. Sie reichen von der Frage nach der Befugnis zum Abschluß von Regierungsabkommen, dem relativen Mehrheitswahlrecht, dem gleichen Zugang zu öffentlichen Ämtern, dem Haushaltsrecht des amerikanischen Kongresses, dem Erziehungsrecht der Eltern, der Volkswahl der Richter, der Frage der Kriegsdienstverweigerung, über grundrechtliche Fragen des Gleichheitssatzes und der Vereinigungsfreiheit bis hin zur Frage der Trennung von Staat und Kirche. Diese Bezugnahmen betrafen indes mehr Detailfragen der Ausformung oder Reichweite eines Grundrechts im einzelnen. Grundsätzlicher war die Forderung Carlo Schmids in Herrenchiemsee, daß in das Grundgesetz ein

---

[56] Die wichtigsten alliierten Dokumente hierzu, soweit veröffentlicht, finden sich in: Documents on the Creation of the German Federal Constitution, Office of U. S. High Commissioner for Germany (Frankfurt a. M., 1949); E. H. Litchfield et al., Governing Postwar Germany (Ithaka, N. Y., 1953); H. O. Lewis, New Constitutions in Occupied Germany (Washington, D. C., 1948); aus dem amerikanischen Schrifttum vgl. J. D. Golay, The Founding of the Federal Republic of Germany (Chicago 1958); P. H. Merkl, The Origin of the West German Republic (New York, 1963); G. A. Almond, Hrsg., The Struggle for Democracy in Germany (1949, Neudruck New York 1965); R. L. Meritt, American Influences in the Occupation of Germany, in: The American Revolution Abroad, special volume of the Annals of the American Academy of Political and Social Science, R. L. Park, ed., vol. 428 (1976).

Grundrechtsteil aufgenommen werden müsse. Zur Begründung verwies er auf den angelsächsischen Rechtsgedanken, daß eine Verfassung, und sei es auch eine vorläufige, die nicht Grundrechte einschließe, schlechterdings keine Verfassung sei[57]. Ähnlich grundsätzlich war in diesem Bereich nur noch die Bemerkung Hermann von Mangoldts, daß die Grundrechte als ein Minimumstandard einer freien Gesellschaft im *amerikanischen Sinne* das Ermessen des Gesetzgebers begrenzen würden[58].

Prinzipieller waren die Debatten über die Frage, ob man sich für ein Präsidial- oder für ein parlamentarisches Regierungssystem entscheiden solle, ferner, ob man das Bundesratssystem beibehalten oder ein Senatssystem einführen solle. In beiden Fällen diente die amerikanische Verfassung als der Vergleichsmaßstab schlechthin[59]. Wie wir wissen, entschied man sich in beiden Fällen gegen das amerikanische Modell, aber es war dieses Modell, das eine grundsätzliche Erörterung der möglichen Alternativen ausgelöst hatte.

Nach Art. 1 Abs. 3 des Grundgesetzes binden die Grundrechte Gesetzgebung, Verwaltung – so hieß es in der Urfassung – und Rechtsprechung als unmittelbar geltendes Recht. Mit dieser Bestimmung entschieden die Väter des Grundgesetzes eine der großen Streitfragen der Weimarer Zeit für die Gegenwart. Wie schon erwähnt, hatte Gerhard Leibholz seine entsprechende These insbesondere auf die Judikatur des amerikanischen Obersten Gerichtshofs gestützt. Man wird nicht irren in der Annahme, daß die These von Leibholz und mit ihr mittelbar das amerikanische Verfassungsrecht ihren Eindruck auf die Väter des Grundgesetzes nicht verfehlte. Zusammen mit dem richterlichen Prüfungsrecht über Gesetze, von dem das Grundgesetz z. B. in Art. 100 Abs. 1 ausgeht, verlieh das den Grundrechten eine Wirkungskraft, die bis dahin in der deutschen Verfassungsentwicklung allenfalls in Ansätzen gegen Ende der Weimarer Republik vorhanden gewesen war.

Auch das Grundgesetz entschied sich, wie schon die Verfassung von 1849 und die Weimarer Verfassung, für die Beilegung von Verfassungsrechtsstreitigkeiten den Rechtsweg zu eröffnen. Es gestaltet eine nahezu

---

[57] Der Parlamentarische Rat 1948–1949, Akten und Protokolle, Bd. 2: Der Verfassungskonvent auf Herrenchiemsee (1981), S. 75.

[58] Protokolle der Verhandlungen des Hauptausschusses des Parlamentarischen Rates (Prot.), S. 538 (Parlamentarischer Rat, Verhandlungen des Hauptausschusses, Bonn 1948/49).

[59] Vgl. aus der Debatte zum Präsidialsystem z. B. Prot. S. 395 ff. (Becker), 637 f. (Dehler); 397 (Carlo Schmid); 398 (Süsterhenn, Katz); 638 (von Brentano); 640 (Seebohm); aus der Debatte zum Bundesrats- oder Senatssystem z. B. Prot. S. 123 f. (Katz); 126 (Carlo Schmid), sowie den Bericht von Herrenchiemsee, a. a. O., Bd. 2, S. 504 ff., 540 ff.

umfassende Verfassungsgerichtsbarkeit. Betrachtet man die Verfassungsentwicklung im kontinentalen Westeuropa seit 1945, dann ist ihr hervorstechendster Zug das Aufkommen besonderer Verfassungsgerichtshöfe. Sie sind die einzig wirklich neuartigen Institutionen in den parlamentarischen Regimen des kontinentalen Westeuropa und die spezifische Form, in der die amerikanische Idee des richterlichen Prüfungsrechts gegenüber Gesetzen rezipiert worden ist. Es ist sicherlich richtig, wie etwa Scheuner, Theodor Schieder und andere betont haben, daß Formen und Verfahren von Verfassungsgerichtsbarkeit in Deutschland starke Wurzeln in der verfassungsrechtlichen deutschen Tradition haben[60]; erstaunlich ist allenfalls, welch geringe Aufmerksamkeit man dabei im allgemeinen der Reichsgerichtsbarkeit vor 1806 beimißt, die ein – freilich begrenztes – richterliches Prüfungsrecht über Gesetze kannte. Daß man sich 1949 entschloß, den Weg der Verfassungsgerichtsbarkeit zu gehen, hatte seinen stärksten Beweggrund gewiß in der Unrechtsherrschaft des Nationalsozialismus. Ohne Zweifel aber war man stark beeindruckt von der Rolle, die der Oberste Gerichtshof im politischen Prozeß der Vereinigten Staaten errungen hatte. In seiner materialen Verfassungsgerichtsbarkeit glaubte man, ähnlich wie in der Paulskirche, das wirkungsvollste Beispiel eines institutionellen Garanten der Herrschaft des Rechts vor Augen zu haben. Daß sich Formen und Verfahren der deutschen Verfassungsgerichtsbarkeit von der amerikanischen vielfach unterscheiden, brauche ich hier nicht auszuführen. Die Verfassungsgerichtsbarkeit war der Ort, an dem das amerikanische Verfassungsrechtsdenken seinen größten Einfluß auf die deutsche Verfassungsentwicklung nach 1945 hatte.

Die deutsche Staatsrechtswissenschaft wie auch die Politologie haben seit dem Ende des Zweiten Weltkriegs dem amerikanischen Verfassungsrecht und seiner Entwicklung breite Aufmerksamkeit gewidmet. Deutsche Politiker, Juristen, Studenten strömen in großer Zahl nach Amerika und lernen das amerikanische Verfassungssystem vor Ort kennen; Emigranten kehren an deutsche Universitäten zurück; amerikanische Gelehrte kommen in nicht geringer Zahl nach Deutschland, wirken als Autoren an rechtsvergleichenden Untersuchungen mit; eine breite rechtswissen-

[60] U. Scheuner, Die Überlieferung der deutschen Staatsgerichtsbarkeit im 19. und 20. Jahrhundert, in: Bundesverfassungsgericht und Grundgesetz, Bd. 1 (1976), S. 1 ff., 3, 10, 20 f.; Th. Schieder, Vom Reichskammergericht zum Bundesverfassungsgericht, in: 25 Jahre Bundesverfassungsgericht 1951–1976 (1976), S. 21 ff.; H. Müller-Kinet, Die höchste Gerichtsbarkeit im deutschen Staatenbund 1806–1866 (1975); E. Hahn, Ministerial Responsibility and Impeachment in Prussia 1848–1863, in: Central European History, vol. X (1977); K. Kreuzer, Vorläufer der Verfassungsgerichtsbarkeit im süddeutschen Konstitutionalismus, in: Europäische Grundrechte-Zeitschrift, 13 (1986), S. 94 ff. m. w. N.

schaftliche Literatur erwächst, die sich mit nahezu jedem Aspekt des amerikanischen Verfassungsrechts und der amerikanischen Verfassungswirklichkeit befaßt. Die Reichweite und Intensität dieser Kontakte und das Interesse, das natürlicherweise die Stellung der politischen Führungsmacht des Westens auslösen mußte, haben dazu geführt, daß dem amerikanischen Verfassungsrecht eine Aufmerksamkeit zugewendet wurde, wie keinem anderen auswärtigen Verfassungsrecht. Geistige Konfrontationen dieses Ausmaßes wirken sich notwendigerweise auf das eigene Verfassungsrechtsdenken aus. Es ist hier nicht der Raum, um solchen Auswirkungen auf einzelnen Gebieten – und sei es auch nur des Verfassungsrechts – nachzuspüren, etwa möglichen Einwirkungen auf die Rechtsprechung des Bundesverfassungsgerichts. Dazu nur einige kleine Anmerkungen:

Die Deutung des Gleichheitssatzes als auch den Gesetzgeber bindendes Willkürverbot – der Gleichheitssatz erschöpft sich nicht in dieser Deutung – läuft im Grundsatz parallel zur Rechtsprechung des amerikanischen Obersten Gerichtshofs[61]; Gerhard Leibholz zählte zu den Richtern der ersten Stunde. Die Methode der verfassungskonformen Auslegung, das wichtigste Instrument des Bundesverfassungsgerichts zur Aufrechterhaltung von Gesetzen, ist keine deutsche Erfindung – das Reichsgericht hatte sie am 17. Februar 1883 (RGZ 9, 232, 235) ausdrücklich verworfen –, sondern besitzt eine lange Tradition in der Rechtsprechung des amerikanischen Obersten Gerichtshofs. Die sogenannte *political question*-Doktrin, die, wenngleich, wie es scheint, mit abnehmender Tendenz vom Obersten Gerichtshof praktiziert wird, ist in dieser Form vom Bundesverfassungsgericht nicht übernommen worden; die weite Ermessensfreiheit, die das Gericht indes den politischen Organen etwa im Bereich der Außenpolitik einräumt, stellt in der Sache, wenn auch nicht in der jurisdiktionellen Form, eine funktionale Entsprechung dar. Über die amerikanische Maxime der richterlichen Selbstbeschränkung – zu neudeutsch: des judicial selfrestraint – wird in Deutschland freilich mehr Mißverständliches als Kenntnisreiches geäußert und geschrieben.

Der stärkste Einfluß amerikanischen Verfassungsrechtsdenkens seit 1945 dürfte in einer Annäherung der Qualifikation und Wirkungskraft der Verfassung, der Wertungsmaßstäbe und ganz allgemein in der Art und Weise bestehen, wie man an Verfassungsrechtsfragen herangeht. Verglichen mit früher hat das ein neuartiges Bewußtsein in der deutschen Öffentlichkeit, insbesondere bei Politikern, Wissenschaftlern und Rich-

---

[61] Vgl. D. P. Kommers, Der Gleichheitssatz: Neuere Entwicklungen im Verfassungsrecht der USA und der Bundesrepublik Deutschland, in: Der Gleichheitssatz im modernen Verfassungsstaat (1982), S. 31 ff.

tern, von der normativen Bedeutung des Verfassungsrechts mit heraufge-
führt. Zumal die Qualifikation der Verfassung als das höchstrangige
Recht, ausgerüstet mit der Waffe des richterlichen Prüfungsrechts und der
Verfassungsgerichtsbarkeit, hat eine tiefgreifende Veränderung des deutschen politischen und rechtlichen Denkens im Hinblick auf die Rolle der
Verfassung bewirkt und hat zu tiefgreifenden Wandlungen auch im
politischen Prozeß geführt. Die Bedeutung der Verfassungsgerichtsbarkeit und damit der praktisch wichtigsten Form der Wirkung von Verfassungsrecht in der Bundesrepublik wird heutzutage wahrscheinlich nur
noch von der Rolle des Obersten Gerichtshofs im amerikanischen politischen Prozeß übertroffen.

Das amerikanische und das gegenwärtige Verfassungsrecht in der Bundesrepublik haben eine Reihe fundamentaler rechtlicher Ideen, wie die
Idee der Rechtsstaatlichkeit und der Begrenztheit öffentlicher Herrschaftsmacht, die Ideen von Freiheit und Gleichheit, gewährleistet durch
Grundrechte und Grundfreiheiten, die Qualifikation der Verfassung als
des ranghöchsten Rechts, ebenso gemein wie eine Reihe grundlegender
institutioneller und funktioneller Verfassungsstrukturen, wie die Bundes-
staatlichkeit, ein System der Gewaltenteilung, der Balance und gegenseitigen Kontrolle von politischen Machtorganen, der Unabhängigkeit von
Gerichten, die mit einer breiten Gerichtsbarkeit und insbesondere mit
dem richterlichen Prüfungsrecht über die Verfassungsmäßigkeit der Akte
der öffentlichen Gewalt ausgestattet sind. Diese Gemeinsamkeiten
machen deutlich, daß Verfassungsrechtsordnungen dieser Art eine Sach-
logik eigen ist, die in wichtigen Hinsichten zu funktional äquivalenten
Wertungsmaßstäben, methodischen Wegen und Sachlösungen führt,
während ihre Artikulation im einzelnen, ihre Modalitäten und Verfahren,
um diese Lösungen zu erreichen, sehr unterschiedlich sein mögen und
auch unterschiedlich sind. Sie sind, um mit Roscoe Pound zu sprechen,
Ausdruck von "principles running back of all constitutions and inherent
in the very idea of a government of limited powers set up by a free
people"[62]. Auch dort wo sie sich durchaus unterscheiden[63], dienen amerikanische verfassungsrechtliche Ideen und Prinzipien für das gegenwärtige
deutsche Verfassungsdenken als ein gewichtiger Test, nicht zuletzt als
eine Herausforderung, die eigenen Ideen, Prinzipien und aktuellen
Lösungen immer wieder zu überprüfen und zu überdenken.

---

[62] R. Pound, Introduction to the Philosophy of Law (1922), S. 50 f.
[63] Scheuner, in: Deutsch-Amerikanisches Verfassungsrechtssymposium 1976,
a. a. O., S. 14 ff., 35 f., hat zu Recht auf solche Unterschiede in den Verfassungstra-
ditionen und in den gegenwärtigen Verfassungsproblemen hingewiesen.

Der Einfluß, den die amerikanische Verfassung und das amerikanische Verfassungsrechtsdenken seit 1787 auf die deutsche Verfassungsentwicklung ausgeübt haben, läßt sich nicht in knappen Thesen zusammenfassen. Das deutsche Rechtsdenken ist zu Zeiten befruchtet, mitunter umschlungen worden, vom römischen Recht; im 19. Jahrhundert wurde es im Bereich des Verwaltungsrechts vor allem vom französischen Recht beeinflußt; im Bereich des Verfassungsrechts aber hat seit 1787 keine andere Rechtskultur die deutsche so sehr befruchtet, wie die amerikanische. Das war und ist kein Ausdruck der Schwäche des deutschen Verfassungsrechtsdenkens, sondern seiner Offenheit und Aufgeschlossenheit, wie es sich in beispielhafter Weise in der Paulskirche bekundete. Man kann nur wünschen, daß das deutsche Verfassungsrechtsdenken sich auch in Zukunft diese Offenheit bewahren möge.

www.ingramcontent.com/pod-product-compliance
Lightning Source LLC
Chambersburg PA
CBHW050647190326
41458CB00008B/2449